GOLDMANN
ESOTERIK

W0233263

Buch

Innerhalb der Esoterik nimmt die Astrologie eine in ihrer Bedeutung weiter wachsende Stellung ein, unabhängig davon, ob sie auf rein rechnerischer, psychologischer oder holistischer Grundlage betrieben wird. Mit diesem Buch hat Werner Bohm nach mehr als dreißigjährigem, ununterbrochenem Forschen einen Klassiker der Astrologie geschrieben, der schon seit vielen Jahren, auch über den Tod des Autors hinaus, Anerkennung unter den Spezialisten findet. Ausgehend von den historischen Wurzeln der Astrologie, gibt uns der Autor eine Einführung in die wichtigsten Schwerpunkte. Er beläßt es jedoch nicht bei der Darlegung dieser weitgehend bekannten Fakten, sondern stößt vor zu der spannenden Frage, auf welche Weise Mensch, Kosmos und Schicksal miteinander verknüpft sind.

Autor

1896 als Sohn eines Forstbeamten in der Mark Brandenburg geboren, wurde Werner Bohm durch den Ausbruch des 1. Weltkrieges daran gehindert, das ersehnte Medizinstudium zu beginnen. Auch später waren hierfür keine Mittel vorhanden, und die Umstände zwangen ihn, einen Beruf zu ergreifen, der seinem inneren Wesen fremd blieb. Um so mehr widmete er sich in seiner freien Zeit der spirituellen Suche, deren Erfüllung ihm durch seine Begeisterung für die Astrologie und durch die geistige Begegnung mit Rudolph Steiner zuteil wurde. Was ihm vorschwebte, war eine *Astrosophie*, in der er das neue Verhältnis des Menschen zur Sternenwelt begründen wollte. Ohne sein Werk vollenden zu können, starb Werner Bohm im Jahre 1959.

Im Goldmann Verlag ist sein Buch »Die Wurzeln der Kraft – Die Chakras: Kraft- und Bewußtseinszentren im Menschen« (11898) in Vorbereitung.

Werner Bohm

STERNENWIRKEN IM MENSCHENSCHICKSAL

Die Kernpunkte der Astrologie

GOLDMANN VERLAG

Der Goldmann Verlag
ist ein Unternehmen der Verlagsgruppe Bertelsmann

Made in Germany · 2/90 · 1. Auflage
Genehmigte Taschenbuchausgabe
© 1985 by Novalis Verlag AG, Schaffhausen/Schweiz
Umschlaggestaltung: Design Team München
Satz: IBV Satz- und Datentechnik GmbH, Berlin
Druck: Elsnerdruck, Berlin
Verlagsnummer: 12074
Lektorat: Diane von Weltzien
Herstellung: Gisela Ernst
ISBN 3-442-12074-8

Inhalt

Vorwort

Das Charakterbild der Astrologie schwankt »nach der Parteien Haß und Gunst« in der Geschichte. Völliges Ablehnen und Verächtlichmachen begegnen zähem, begeistertem Bejahen ihrer Grundsätze. Gewiß aber ist, daß die Schulwissenschaft die Astrologie nicht einfach als »Scharlatanerie« abtun kann. Nun gibt es genügend Literatur über Astrologie, doch ist mir keine Arbeit bekannt, in welcher der Versuch unternommen worden wäre, ihre Kernpunkte erkenntnismäßig im Sinne der Geisteswissenschaft zu beleuchten.

In einem ununterbrochenen 33jährigen Ringen um die Probleme der Astrologie, der ich den größten Teil meiner Freizeit opferte, bin ich zu Ergebnissen gekommen, welche die Zusammenhänge zwischen Mensch und Gestirn klären könnten.

Auf die zweifelnden Fragen des modernen Bewußtseins muß die Astrologie heute möglichst befriedigend antworten. Nicht das so verbreitete Horoskopieren allein ist Astrologie, sondern vielmehr die Lehre über den Zusammenhang des lebendigen Kosmos mit der Evolution der Menschheit ebenso wie mit Wesen, Gestalt und Schicksal des einzelnen Menschen.

Nach dem ersten Drittel meiner astrologischen Studienzeit stieß ich auf die Arbeiten Rudolf Steiners. In ihnen fand ich viele Antworten auf in mir lebende Fragen. Ohne das Studium seiner Werke wäre es mir wohl kaum möglich gewesen, zu den vorliegenden Resultaten zu kommen.

Sicher ist, daß sich Schicksal und Charakter nicht enträtseln lassen, wenn man den Menschen nur eingeengt zwischen Geburt und Tod betrachtet. Ebenso darf man im Kosmos nicht nur auf die toten Himmelskörper blicken. In beiden Fällen muß man von der zeitlichen Erscheinung zum unvergänglich Wesenhaften vordringen. Auf dieser Grundlage soll in der vorliegenden Arbeit der Versuch gemacht werden, die Astrologie zu erklären und damit zugleich dem berechtigten Wunsche ernsthafter astrologischer Forscher nach Anerkennung der Astrologie als eines wissenschaftlichen Forschungszweiges eine Bresche zu schlagen.

Düsseldorf 1952

Das geozentrische System
der Astrologie

Einer der häufigsten Gründe, die gegen die Astrologie vorgebracht werden, ist jener, daß sie geozentrisch (von der Erde als Mittelpunkt her) arbeite, während doch das heliozentrische System (von der Sonne als Mittelpunkt her) das »richtige« sei.

Dieser Einwand ist so außerordentlich kurzsichtig, daß man sich nur wundern kann, wenn er immer wieder vorgebracht wird.

Indem der Astrologe die Stellungen von Gestirnen und sternlosen Zeichen für die Geburtsminute, bezogen auf den Geburtsort, berechnet und im Horoskopschema zum Ausdruck bringt, ist zunächst noch gar nichts darüber ausgesagt, ob die Erde im Weltenmittelpunkt oder wenigstens im Zentrum unseres Planetensystems steht oder nicht. Tatsache ist, daß mathematisch ausdrückbare Beziehungen zwischen dem Geburtsort und dem gesamten Umkreis mitsamt seinen Gestirnen bestehen. Daß diese für den Astrologen nicht abstrakt mathematischer Natur bleiben, sondern ihm nur die Buchstaben einer Himmelsschrift sind, die er glaubt lesen zu können, ist eine andere Sache.

Zudem ist der Astronomie hinlänglich bekannt, daß schon die alten Ägypter ein heliozentrisches System hatten. Auch *Aristarch von Samos* lehrte in der ersten Hälfte des dritten vorchristlichen Jahrhunderts in Griechenland ein solches, das sich vom kopernikanischen so gut wie gar nicht unterscheidet. Ebenso wurde in den Mysterienstätten des persischen Mithras-Kultes das heliozentrische System gelehrt und veranschaulicht.

Den Beginn des Horoskopierens hat man bisher mit Sicherheit nicht früher als etwa 700 Jahre v. Chr. datieren können. Die frühesten Astrologen wußten aber, daß das Horoskop gar nichts damit zu tun hat, ob Sonne oder Erde Mittelpunkt unseres Sonnenkosmos ist. Wir leben als physische Menschen zwischen Geburt und Tod auf dem Planeten Erde. Was uns umgibt, was auf die Erde wirkt, ist vom Astrologen festzustellen. Er steht mit beiden Füßen auf der Erde und versetzt sich nicht in Gedanken auf die Sonne, wie es Kopernikus tut. Seine Planetenkreise ergeben sich nämlich nur einem auf der Sonne lebenden Wesen. Von der Erde aus betrachtet, ergaben sich keineswegs Kreise für die Planeten, wie denn die Natur nirgends mathematische Kreise zeichnet.

Näherer Betrachtung ergibt sich, daß recht verschiedene Seelenelemente zu den drei heliozentrischen Systemen geführt haben.

Osiris war es, der nach ägyptischer Anschauung einst seinen Wohnsitz in der glänzenden, lichten, wärmenden, schöpferischen Sonne hatte. Religiöse Empfindung – dem Kosmos offen – führte dazu, in ihr den Mittelpunkt des Alls zu sehen. Um des Gottes willen geschah es.

Die Adler Ägyptens ließen sich auf griechische Mysterienstätten nieder. Die Griechen (wie z. B. Pythagoras, Eudoxos u. a.) sahen in ägyptischen Weisen ihre Lehrmeister. Hatten aber Ägypter die Bahnen der Planeten so gesehen, wie sie sich von der Erde aus ergaben, und waren sie so zu komplizierten Kurven gekommen, widersprach solches stärkstens dem griechischen Gemüt. Das Schönheitsempfinden, der griechische Sinn für Harmonie konnte sich mit den ägyptischen Planetenkurven nicht abfinden. Auch bei den Griechen waren die Wandelsterne mit Göttern verbunden. Noch *Aristoteles*, der Vater der Wissenschaften, spricht vom Stern der *Aphrodite* und dem des *Hermes*. Götter, so meinte man, könnten nicht torkeln wie Trunkene. Nur harmonische Bewegungen könnten von ihnen ausgehen. Aus diesem Grunde müßten sich die Planeten in Kreisen bewegen. Es war das Werk *Platos*, ein solches System zu finden, durch das sich die offenbar komplizierten Planetenkurven durch einfache Kreise erklären ließen.

Aristarch ging schon anders vor. Sein Ausgangspunkt war bloße Sinnesbeobachtung. Auf ihr baute er sein heliozentrisches System auf. Gegen ihn wird Anklage erhoben, weil er den »heiligen Stuhl des Weltalls« (die Erde!) verrücke.

Aristoteles (384–321) war es, der verlangte, daß man der Erde die Stelle des Mittelpunktes geben müsse! Bis zu Kopernikus bleibt seine Autorität unangetastet. Noch im Jahre 1624 verabschiedete das französische Parlament ein Gesetz, welches die Todesstrafe für den vorsieht, der es wage, die Autorität des Aristoteles anzufechten! Erst im 19. Jahrhundert wurden die Werke des Kopernikus vom päpstlichen Index abgesetzt.

Ptolemaios ist es, der, der aristotelischen Forderung genügend, auf die stillstehende Erde zurückgeht. Zugleich erfüllt er das Vermächtnis *Platos,* alle Bewegungen und Abweichungen durch ein Zusammenwirken kreisender Bewegungen zu erklären (siehe Fig. 1). In seinem »Handbuch der Astronomie« sagte er nach der Übersetzung des *Manitius* (1912):

»Wenn wir uns die Aufgabe gestellt haben, auch für die fünf Wandelsterne wie für die Sonne und den Mond den Nachweis zu führen, daß ihre scheinbaren Anomalien alle vermöge gleichförmiger Bewegungen auf Kreisen zum Ausdruck gelangen, während Regellosigkeit und Ungleichförmigkeit ihnen fremd sind, so darf man wohl das glückliche Vollbringen eines solchen Vorhabens als eine Großtat bezeichnen, ja in Wahrheit als das Endziel der auf philosophischer Grundlage beruhenden mathematischen Wissenschaft.«

Das ptolemäische System läßt Sonne und Mond sich in direkten einfachen Kreisen um die Erde bewegen. Auch die Planeten bewegen sich in großen Kreisen (Deferenten) um die Erde, aber zugleich in kleinen, den Epizyklen, deren Mittelpunkte auf dem großen Kreise liegen. Zweierlei Kreisbewegungen sind es also, auf die *Ptolemaios* die wahre Bewegung der Planeten zurückführt.

Die Mittelpunkte der Epizyklen von Venus und Merkur liegen mit dem Zentrum der Sonne immer in einer Linie. Es entsteht so das Bild einer Stange, die Erde und Sonne verbindet. An ihr werden, so erscheint es, Merkur und Venus in ihren Epizyklen herumgeführt. —

Ganz anders verhalten sich die obersonnigen, äußeren Planeten (Mars, Jupiter, Saturn). Sie erscheinen nicht wie an einer Stange, die an den Mittelpunkt der Sonne gebunden ist, herumgeführt, sondern sie sind in ihrer Bewegung insofern frei, als sie irgendwo auf ihrem Deferenten (dem großen Kreis) die Epizykelbewegung ausführen können. Der Mittelpunkt ihrer Epizyklen liegt auf dem Deferenten, ungebunden von der Sonne, aber ihre »kleine Stange« muß im Epizykel immer parallel zur Verbindung Erde/Sonne stehen, wie in der Zeichnung (Fig. 1) angedeutet ist.

Eigentümlich ist, daß die Deferenten von Merkur, Venus und Sonne in einem Jahr beschrieben werden.

Die untersonnigen Planeten (Merkur und Venus) vollenden einen Epizykel (kleinen Kreis) während ihres synodischen Umlaufs (von einer unteren Konjunktion mit der Sonne bis zur nächsten), die obersonnigen dagegen innerhalb ihrer *siderischen Umlaufzeit* (von Fixstern zu Fixstern gerechnet).

Es ist eine astronomische Tatsache, daß sich die untersonnigen Planeten polar, entgegengesetzt zu den obersonnigen Planeten verhalten. Während Venus und Merkur ihre Bahnschleifen in der Rückläufigkeit stets in *unterer* Konjunktion zur Sonne, also wenn sie zwischen Erde und Sonne stehen, bilden, ist das bei den *obersonnigen* ganz im Gegenteil dann der Fall, wenn sie in der *Opposition* zur Sonne stehen, die Erde sich also zwischen ihnen und der Sonne befindet.

Im kopernikanischen System ist dieser polare Unterschied, der bei *Ptolemaios* sofort bildhaft offenbar ist, völlig verwischt. Bei *Kopernikus* beschreiben die Planeten einfach nur Kreise um die Sonne. Für das kopernikanische Weltbild muß man also auf die Sonne gehen, denn nur von dort aus gesehen scheint es, wie gesagt, so, als ob die Planeten Kreise beschreiben!

Ptolemaios war ein sehr gebildeter Astronom. Er kannte nicht nur die Präzession, sondern z. B. auch die Exzentrizitäten der Planetenbahnen. Er gab die des Saturn mit 0,057 gegenüber dem

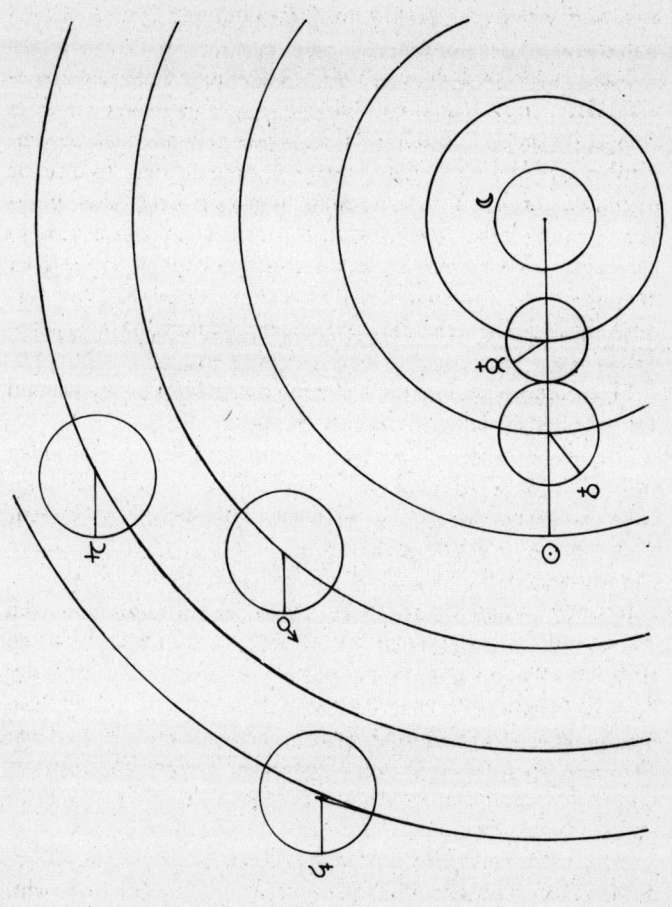

Fig. 1
Die Planeten erscheinen hier in ihrer alten Reihenfolge, wie sie den Umlaufzeiten entspricht.

heutigen astronomischen Ergebnis von 0,056 an; für Jupiter 0,046 gegen 0,048, für Mars 0,1 gegen 0,093. Er ist der Verfertiger des ersten abendländischen Sternenkataloges. Er berechnete in seinen Ephemeriden die Orte der Planeten genau voraus und tat dies aufgrund seines Systems, welches nach heutiger Ansicht falsch sein soll.

Ein »falsches« System – aber richtige Resultate!? Sowohl das ptolemäische System wie das kopernikanische und das des *Tycho Brahe*, also drei sehr verschiedene Systeme, ermöglichen richtige Resultate!

Mithin kann eben nicht gesagt werden: Das kopernikanische System ist deshalb richtig, weil es richtige Resultate liefert. Will man so verfahren, so müßte man logischerweise alle drei Systeme für richtig halten. In der Kalenderberechnung aber bedient sich die Astronomie des *Tycho Braheschen* Systems, da sich das kopernikanische dazu nicht eignet!

In der Tat kommt es ganz auf den Standpunkt an, von dem aus man betrachtet. Für *Kopernikus* muß man erst auf die Sonne gehen, bei *Ptolemäus* bleibt man auf der Erde! Wir leben aber zwischen Geburt und Tod auf Erden! Alles, was an wirkenden Kräften und Ideen im Kosmos lebt und webt, strömt von dort zu uns auf die Erde hernieder. Von der Erde aus betrachten wir die Gestirne. Daher muß für uns Erdenmenschen der Himmelskörper Ausgangs- und Mittelpunkt bleiben, auf dem wir die kosmischen Strömungen empfangen und aufnehmen, nämlich die Erde.

Der rote Faden

Erst die Mechanik versetzt dem ptolemäischen System in der Astronomie den Todesstoß. Sie sagt: Die Mittelpunkte der Epizyklen, um die bei *Ptolemaios* die Planeten kreisen, sind nur fiktive (gedachte) Punkte. Um solche bewegen sich Planetenmassen nicht. Nicht um Ideen, sondern um Massen bewegen sich die Planeten zufolge der Newtonschen Gesetze über die Anziehungskraft!

Nun wird derjenige, der tiefer denkt als der krasse Materialist, der modernen Astronomie zugeben, daß die physikalische Betrachtungsweise nur eine, aber nicht die einzig mögliche, nicht die letzten Fragen lösende ist. Er wird sich nicht mit einer mechanistischen Erklärung aller Erscheinungen zufriedengeben, sondern nach dem Agens der Bewegungen der Millionen von Sternen und Sterngebilden, ihrem Ursprung, ihrer Bestimmung und auch nach ihrer Beziehung zur gesamten Natur und damit auch zum Menschen fragen. Er wird Antwort suchen auf die Frage: Warum und wodurch bewegen sie sich überhaupt nach »ewigen, ehernen, großen Gesetzen«, so daß einer, oder ein ganzes System, die Bahnen des andern nicht stört?

Die offizielle Wissenschaft eilte mit Riesenschritten dem Materialismus entgegen. Ihm ebnete gerade die Astronomie von etwa 1500–1800 n. Chr. den Weg! Der Begriff »die Masse« griff auch auf andere Gebiete über. Man spricht heute geradezu vom Zeitalter der Massen. Wie zunächst ihre Herrschaft in der Astronomie vom Katheder verkündet wurde, so griff die Masse, das nicht individualisierte Kollektiv, das auf, was die exakte Wissenschaft verkündete. Die ebenfalls vom Katheder verkündete Abstammungslehre und die Technik taten das Ihre hinzu, um die Menschen zum großen Teil moralisch und ethisch auf die Tierstufe, auf die Stufe des »technischen Sklaven« sinken zu lassen, wie ihre Schematisierung allen Lebens, ihre Kriege, ihre »Frieden« und ihre Grausamkeiten beweisen. Der Mensch, die Seele wurde gemordet, der Geist geleugnet.

War bei *Hegel* noch der Geist, der Demiurg Schöpfer alles Seienden, so kehrt bereits sein Schüler *Karl Marx* diesen Satz bewußt um und läßt den Geist aus der Materie entstehen, Geist und Seele werden zu besonders gelagerten, zufälligen Erscheinungsarten der Materie. Der Materialismus ist bisher der Welt schuldig geblieben zu erklären, was Materie in Wahrheit ist.

Und doch: Allein der Geist ist es, der die Massen bewegt. Um die Idee kraftet der Wille. Massen sind tot, sind Leichname. Die lebendig fortwirkende und zeugende Idee ist es, die bewegt, die für Leben, Seele und Geist wichtig und unerläßlich ist, nicht die tote Masse. Die Idee Venus, Mars, Jupiter etc. tritt in lebendige Beziehung zu der Idee, die, der Erde zugrunde liegend, in ihrem geistigen Mittelpunkt steht! Zu allererst handelt es sich bei den Sternen um kraftend bewegte Ideen und nicht um deren tote Träger. Die Astrologie spricht hier von »Prinzipien«. Wir können sie die Ideen, die großen kosmischen Ideen nennen. Sie bewegen sich nicht nach Newtonschen Gesetzen!

Sprechen wir mit *Klopstock* von den Seelen der Sterne, sprechen wir von den Ideen, die ihnen zugrunde liegen – so gilt der Einwand von physikalischer Seite gegen das ptolemäische System nicht!

Wie der Mensch ein sehr kompliziertes, durchaus nicht einheitliches Wesen ist (er besteht ja aus physischem Leib, der physikalischen Masse vergleichbar, Seele und Geist), so ist es auch im Kosmos. Auch in ihm müssen wir die Durchdringung verschiedener Welten zu erkennen versuchen. Weltenseele und Weltengeist sind keine Emanationen toter Weltenkörper, also physischer Leichname, sondern göttlichen Ursprungs!

Kopernikus hat *Ptolemaios* lediglich in bezug auf das Physikalische widerlegt – auf das Tote, nicht aber auf das Beseelte! Auch nur das Tote kann uns die gegenwärtige Wissenschaft erklären. Leben, Empfindung, Seele, Geist bleiben bei ihr offene Fragen.

Kopernikus ist der erste, der sein Weltsystem vom *Gedanken* her aufbaut. Bei ihm ist nicht die Sinnesbeobachtung das Primäre wie bei dem Griechen *Aristarch*. Das Gegenteil ist der Fall. Und auch die moderne Naturwissenschaft baut sich seit Kopernikus nicht auf dem Sinnesschein, sondern ihm gerade entgegengesetzt auf, nämlich so, wie es die Überlegung, also der Gedanke zeigt. Der Sinnesschein sagt uns, daß die Sonne sich um die Erde bewegt. Tatsächlich geht sie im Osten auf, im Westen unter. Der Gedanke dagegen sagt, daß es sich in Wahrheit um die Erdrotation handelt, die uns Bewegung der Sonne vortäuscht.

So auch verhält es sich mit der Sonne im Jahreslauf. Dem Augenschein gemäß steht sie jeden Monat in einem anderen Sternbild. Der Gedanke lehrt, daß es wiederum die Erde ist, die sich im Jahreslauf um die Sonne bewegt.

Dem Auge erscheint ein sternenbesäter Himmel, der Gedanke aber sagt uns, daß schier unermeßliche Weiten von Millionen Lichtjahren die Gestirne voneinander trennen. Der sternenreiche Himmel sei in Wahrheit eine riesenhafte kosmische Wüste!

Das wirklich Entscheidende in der Kopernikanischen Lehre wird im allgemeinen gar nicht genügend beachtet. Mit seiner Idee, daß die Sonne im Mittelpunkt stehe, kann er keine Priorität beanspruchen. Nur insoweit steht sie ihm zu, als er erstmals vom abstrakten *Gedanken* ausgeht. Die Sonne wird der »Nullpunkt des Koordinatensystems«. Die Ägypter, denen ja ebenfalls die Sonne im Mittelpunkt stand, konnten das so nicht ausdrücken. Für sie existierte dieser mathematisch abstrakte Begriff nicht. *Osiris*, Ägyptens lebendige Lichtgottheit, wurde bei *Kopernikus* zu einem fiktiven Koordinatenschnittpunkt. Bei den Ägyptern lag der seelische Ausgangspunkt also noch in einer weisheitsvollen Empfindung, die sich wie eine Blume dem Kosmos öffnete. Bei den Griechen zur Zeit *Aristarchs* lag der Ausgangspunkt in sinnlicher Beobachtung. Bei *Kopernikus* schließlich ist es der von Empfindungen emanzipierte abstrakte menschliche Gedanke, auf dem sich sein System aufbaut. Der Verstand schließt sich nach außen ab, er will in sich selbst bleiben. Für den Kosmos ist er nicht so zugänglich wie die Empfindung.

Zufolge der verschiedenen Seelenelemente müssen wir von drei ganz verschiedenen Kulturzeitaltern sprechen und daraus erkennen, daß die Metamorphose des menschlichen Bewußtseins der rote Faden ist, der alle Kulturen durchzieht, wie es z. B. auch *Gottfried Richter* in so ausgezeichneter Weise in seinen »Ideen zur Kunstgeschichte« aufgezeigt hat.

Entscheidend und neu ist, daß *Kopernikus* die Erde aus ihrem Banne erlöst: Sie *bewegt* sich. Wenn wenig später *Giordano Brunos* Geist den festen Kristallhimmel der alten Anschauung durchstößt und jenseits des Fixsterngürtels Welten auf Welten zeigt, stürzt in der Tat das so wohlbehütete Weltbild alter Zeit zusammen. Die mittelalterliche enge Ordnung zerbricht. Des Gedankens Keimkraft hat die alte Welt zersprengt! Damit sind wir vollauf berechtigt, von dem Beginn eines neuen Zeitalters menschlicher Kultur zu sprechen, dessen geographischer Raum Mitteleuropa ist.

Nicht nur die gedachte Haut unseres Weltenalls durchstößt der Mensch an der Schwelle unseres modernen Zeitalters, sondern auch die Haut des Menschen. Die Anatomie des *Galen* galt autoritativ, bis *Vesalius*, Leibarzt *Karls V.,* eine neue brachte, die durch Sezieren des Menschenlebens moderne Grundlagen schuf. Todesstrafe stand auf diese Tat.

Giordano Bruno endete auf dem Scheiterhaufen in Rom, *Vesalius* wurde von der Inquisition zum gleichen Tode verurteilt, dem er aber entkam. Der menschliche Gedanke hat sich trotzdem freigekämpft und triumphierte über jene, die den Schritt des Zeitengeistes durch drakonische Strafen aufhalten wollten. – Menschliches Denken hat sich etappenweise vom Wollen und Fühlen emanzipiert. Die unserer Kultur vorangegangenen Kulturen stellen die einzelnen Stationen dieser Evolution dar.

Wenn wir uns bereit machen wollen, auch die Grundlagen der Astrologie zu begreifen, so müssen wir schon diese Seelenmetamorphose berücksichtigen. Völlig verfehlt wäre es, unser heutiges Bewußtsein den alten Chaldäern anzudichten.

Die Wurzeln der Astrologie

Man sagt, daß die Geburtsstätte der Astrologie in Chaldäa lag. Gesicherte menschliche Geschichte führt uns bis etwa in das Jahr 3000 v. Chr. zurück. Für nicht mehr als 5000 Jahre der etwa 200 000 Jahre zählenden Menschheitsentwicklung haben wir also erst einigermaßen gesicherte Angaben. Das ist die Zeit des Beginnes der Pyramidenbauten in Ägypten, des Aufblühens der babylonisch-chaldäisch-ägyptischen Kultur. Die menschliche Schrift beginnt in ihr. Von der noch älteren Kultur des *Ur-Zarathustra* in Persien und jener der Sieben Heiligen Rischis im vorvedischen Indien wissen wir wenig. Bekannt ist immerhin, daß von indischer Seite her der Beginn eines »Finsteren Zeitalters«, des Kali-Yuga, für das Jahr 3101 v. Chr. vorausgesagt wurde. 5000 Jahre sollte es dauern, um dann von einem »lichten Zeitalter« abgelöst zu werden. Die Zeit des anbrechenden Kali-Yuga ist in der Bhagavadgita gekennzeichnet. Es ist die Epoche des *Krishna*.

Wenn der Inder von dem »finsteren Zeitalter« spricht, so meint er damit das allmähliche Verlöschen göttlicher Weisheit im Menschen und das Heraufkommen des menschlichen Intellekts, die Emanzipation des menschlichen Gedankens vom Fühlen und Wollen. Substanz aller Religiosität aber ist der Wille. Er strebt zum Guten, zur Güte. Die Verabstrahierung des Gedankens mußte schließlich zu großen Konflikten mit den Religionen führen, wenn der abstrakte Gedanke allein maßgebend werden sollte. Er strebt nach »Wahrheit«, ganz gleich, welches Gesicht diese haben würde. Was aber ist »Wahrheit«, fragen wir mit *Parsifal*. Äußere mechanistische Beobachtungen können uns keine echte Wahrheit vermitteln. Es kommt darauf an, den inneren

Kern, das tiefste innerste Wesen aller Erscheinungen zu erfassen und unserer Erkenntnis zugrunde zu legen. »Das höchste Wollen der Erkenntnis kann, wenn es Wahrheit bringen soll, nie Befriedigung des klügelnden und rechnenden Verstandes sein, sondern ist ein Rufen und Antworten aus der Tiefe« (*Edgar Dacqué*, »Vom Sinn der Erkenntnis«, S. 13).

Der Wahrheit zu dienen, wurde die Wissenschaft geboren, als die Emanzipation, d. h. die Entwicklung des Bewußtseinszustandes, weit genug fortgeschritten war. Die erste Etappe echter Wissenschaft beginnt mit *Aristoteles* etwa, die zweite mit *Kopernikus*.

Was aber vor dieser Zeit liegt, offenbart oft höhere Weisheit, als wir sie in unserer heutigen Wissenschaft schon finden können. Vor *Aristoteles* waren Fühlen und Denken nicht voneinander getrennt. Eine solche Welt hatte ein ganz anderes Bewußtsein als die unsere. Im Fühlen lebte Weisheit. Man ist fühlend den Seinsprozessen näher als mit dem bloßen Gedanken, der im Weltenschein lebt und nicht Seins-, sondern Bildcharakter hat. Indem man denkt, ist man im Bilde.

Das Leben, seinen Werdestrom, seinen Rhythmus fühlt man. Der abstrakte Gedanke zieht sich gerade aus dem Lebendigen völlig heraus, um zur »Objektivität« kommen zu können. Der abstrakte Denker erfindet Apparate, von denen er eine noch größere Objektivität erwartet, als er sie seinen eigenen, vom Lebendigen emanzipierten Gedankenleichen zutraut. Von einem Mechanismus möchte er sich am Gängelband führen und zu Schlüssen zwingen lassen.

Die Mythen aller Völker erzählen von dem Umgang des Menschen mit Göttern, Elementarwesen und Dämonen. Wir müssen zumindest zugeben, daß sie Realitäten in bezug auf das Bewußtsein des Menschen jener vorhistorischen Zeiten schildern. Das Bewußtsein muß damals, an dem unseren gemessen, wesentlich herabgedämpfter, es muß traumartig gewesen sein, denn erst der Gedanke macht uns in unserer Persönlichkeit wach.

Es ist dem Menschen jener Zeit gar nicht möglich gewesen, nach einem Gottesbeweis zu fragen, wie man es dann später, erstmalig im Mittelalter, getan hat. Für das, was man schaut, fragt man nicht nach Beweisen.

Der Verkehr mit höheren Wesen ließ mit der Zeit nach. Wie anders hätte der Mensch zu einem selbständigen, denkenden Wesen heranwachsen können! Noch gab es Offenbarungen, die durch höhere Wesen an den Menschen herangetragen wurden. Nicht menschliche Erkenntnis, sondern eingeflossene Götterweisheit war in jener Einheit von Denken und Fühlen vorhanden.

Bei den Germanen war *Baldur*, bei den Ägyptern *Osiris* eine Repräsentation des alten hellsehenden Seelenzustandes, wie er uns in den Geschichten von den Erzvätern im Alten Testament und in den altindischen Veden noch deutlich erkennbar wird.

Die Veden werden abgelöst durch die Sankhya-Lehre der Bhagavadgita, die uns gleichzeitig den Kampf schildert, den die Vertreter der neuen Lehre (der Pandu-Stamm) gegen die sich dagegen aufbäumenden Menschen (Kuru-Stamm) führen. Bei den Indern wird *Krishna* nun der Vermittler zwischen der Gottheit und den Menschen, wie im Alten Testament die Propheten diese Vermittlerrolle übernehmen. Auch hier war die unmittelbare Gottverbundenheit der Erzväter verlorengegangen.

Baldur wurde nach der geläufigsten Version von dem blinden (!) *Hödur* erschlagen, *Osiris* zerstückelt und in die finstere Erde vergraben. Gotteswissen wurde menschlich. *Isis*, die Mutter allen Lebens, verblieb als trauernde Witwe im Kosmos. Vom Baum der Erkenntnis hatte der Mensch gegessen, der Baum des Lebens ward ihm noch nicht übereignet.

In einer dem Bewußtsein alter Zeiten gemäßen Art wird in den Mythen die Emanzipation des Menschen von den Göttern sehr real beschrieben. Der Mensch macht als Menschheit die gleichen Stufen durch wie jeder einzelne. Einmal mußte er, vom Vater-Mutter-Schoße frei, auf sich selbst gestellt werden. Zwischen Eltern und Kindern wiederholt sich fortwährend jener Vorgang, der einst zwischen göttlich führenden und leitenden Wesen und dem Menschen alter Zeit stattfand.

Das Kali-Yuga leitete in diesem Sinne eine geistige Verfinsterung der Menschheit ein. Die Führung durch höhere Wesen hörte allmählich auf. Der Mensch sollte das Licht der Erkenntnis aus sich selber gebären, aus Seelenfinsternis sollte es aufleuchten. Nur so konnte er, auf die Dauer gesehen, von Bedeutung für die kosmische Entwicklung sein: als ein selbständiges, freies, denkendes Wesen. Wir dürfen nicht nur immer fragen, was der Kosmos für uns, sondern auch, was der Mensch ihm bedeutet.

In jene so ungeheuer bedeutungsvolle Epoche des babylonisch-chaldäisch-ägyptischen Kulturkreises (vom Bau der Pyramiden einerseits und von der Gründung der Stadt Rom andererseits zeitlich begrenzt) fällt die »Erfindung« der Schrift ebenso wie das Entstehen der Astrologie.

Erst als diese Epoche endet, finden wir gegen das Jahr 700 v. Chr. Horoskope. Sie sind ein Endprodukt jenes Kulturkreises. Die Astrologie als solche entstand noch in der vorwissenschaftlichen Zeit. Sie enthält in ihren Grundsätzen noch Offenbarungen aus Geisteswelten. Ihre Wurzeln hat sie noch in jener inneren Osiris- oder Baldurkraft, dem alten traumhaften Hellsehen, das mit der Zeit immer mehr der Gedankentätigkeit weichen mußte.

Wenn in der alten chaldäisch-ägyptischen Zeit der Sternenweise zum Firmament aufschaute, so erschienen ihm die Konstellationen der Gestirne wie auf einer im Kosmos sich erhebenden Ebene. Der damalige Mensch erschaute das Geschehen im wahrsten Sinne des Wortes. Das Horoskop ist das Schema, welches davon übrig blieb; es ist ein Ersatz für dasjenige, was ursprünglich unmittelbar geschaut wurde. In diesem Sinne schildert *Rudolf Steiner* das Entstehen des Horoskops.

Mit dem Heraufkommen des Intellekts hat sich in der Tat unser Gesichtssinn wesentlich verändert. Man weiß heute, daß die Griechen z. B. gelb und grün nicht unterschieden. Für beides hatten sie nur ein Wort (chloros). Die Ägypter unterschieden nicht schwarz und blau usw. Die alte Kunst Ägyptens und der gesamten Antike bis ins Mittelalter hinein zeigt nur zwei Dimensionen. Die dritte schaut man hinzu. Sie erst ist ein Produkt des Intellekts, der eine dreidimensionale Welt erfordert, und es dauerte Jahrhunderte, bis man sie im Bilde – in der Frührenaissance –

darzustellen vermochte. Es mögen diese Dinge das Verständnis dafür erleichtern, wenn gesagt wurde, daß der alte Sternenweise eine Ebene in der Atmosphäre tatsächlich wahrnahm, die der Vorläufer des Horoskopschemas wurde.

Zwischen Kosmos und Mensch schob sich das Rechnen. Was man nicht mehr unmittelbar erschauen konnte, wurde noch zu einem Teil errechenbar. Äußere Seelenschau ward verinnerlicht. Im Rechnen ist diese alte Gabe innerlich tätig geworden.

Die Wurzeln der Astrologie reichen also in jene Zeit unmittelbarer Schau zurück. Gerade deshalb werden sie so wenig verstanden.

Wir müssen wissen, daß wir zu der hohen Weisheit, die in der Astrologie ursprünglich waltet, erst wieder kommen müssen. Die Astrologie enthält hohe Weisheiten von dem Zusammenhang des Menschen mit dem Kosmos. Ihrer Entstehung nach aber ist sie vorwissenschaftlich. In eine Wissenschaft muß man sie erst wandeln. Das kann nur über das Denken geschehen, denn nur mit diesem hat das zu tun, was man Wissenschaft nennt. Ein Mensch kann sehr weise sein und braucht deshalb kein Wissenschaftler zu sein. Das *Leben* kann *weise* machen, das Denken lediglich *wissend*.

Vor dem verhältnismäßig späten Aufkommen der Horoskopie, eben um 700 v. Chr., hatte die Astrologie auch einen ganz anderen Charakter als nachher. Nicht profane, einzelne Menschen, sondern der soziale Organismus wurde nach dem Willen der Götter gelenkt. Seinen Ausdruck fand dieser Wille in der Himmelsschrift, dem Gang der Sterne. Was im Staate zu geschehen hatte, las man aus den Sternen, die sich nach dem Willen der Götter bewegten. Der Massenbegriff spielte überhaupt keine Rolle. Wenn ein Mensch einen Willen äußert, so fragt man auch nicht danach, wieviel sein Körper wiegt und welchen Umfang er hat. Auf das Geistig-Seelische, das sich des Körpers bedient, allein kommt es an, beim Menschen ebenso wie beim Gestirn. Jeder Mensch ist in diesem Sinne ein Stern für sich.

Sozialwissenschaft und Astronomie sehen wir im alten Ägypten und auch anderswo in jener Zeit als eine Einheit. Ihre Geheimnisse wurden, wie damals alles Tempelwissen, streng gehütet. Auf Mysterienverrat stand der Tod.

Als die großen Kulturen von Ägypten und Babylon-Chaldäa schon zerfielen, dekadent wurden, mag dieses und jenes Geheimwissen der Astrologie nach außen gedrungen sein und dann in der Kunst des Horoskopierens allgemein Anwendung gefunden haben. Das im einzelnen festzustellen, halte ich für unwichtig. Es würde auch nicht gelingen. Mit den Kulturen Griechenlands und Roms erfolgte in stärkstem Maße die Ausbildung der Persönlichkeit des Individuums, das zuvor wenig bedeutet. Das Recht des einzelnen Bürgers wurde in Rom in so hohem Grade begründet, daß diese Tatsache zum Charakteristikum der sehr nüchternen römischen Kultur wurde. Dieses Erwachen des Ich-Bewußtseins zeigt sich auch darin, daß von dieser Zeit an nicht mehr nur Götter und Göttliches bildlich dargestellt wurden, sondern auch menschliche Persönlichkeiten. Mit der Persönlichkeitsausbildung hängt es auch zusammen, daß das alte Mysterienwissen nach und nach zerfiel. Es war nicht mehr an der Zeit, das Wissen einzelnen wenigen Persönlichkeiten vorzubehalten. Die Volksgötter wurden abgelöst durch *Christus*, der nicht für einzelne Völker, Rassen oder Kasten seine Erdenmission vollführte, sondern in gleicher Weise für alle Menschen, gleich wie die Sonne für alle, für Gerechte und Ungerechte, scheint. Der Zeitgeist wirkt über den Willen der Menschen; der Zerfall alter, hoher Mysterienstätten ließ sich nicht aufhalten. So wurde auch das, was nun von der Astrologie nach außen durchgesickert war, Allgemeingut, jedem zugänglich. Das hat selbstverständlich auch seine Schattenseiten. Rechtsgleichheit für alle Menschen muß auch bestehen bleiben, wenn einzelne von ihr schlechten Gebrauch machen. So kann man astrologische Scharlatane nur sich selber und dem sozialen Urteil überlassen. In jedem Fach, in jedem wissenschaftlichen Zweig gibt es Künstler, Könner und Pfuscher. Man muß Vertrauen in die Entwicklung haben, welche Spreu vom Weizen sondert.

»Die« Wissenschaft aber hat wenig Berechtigung, ernstes Streben der Astrologen zu schmähen, da sie selbst es aus Voreingenommenheit ablehnt, sich ernsthaft intensiv mit ihr zu befassen.

Es läßt sich keineswegs bestreiten, daß sich der Mensch mit gesteigertem Bewußtsein vom Kosmos schrittweise emanzipiert. In der alten Naturverbundenheit war die Bindung des Menschen an sein Horoskop wesentlich stärker, als es heute der Fall ist. Wir erkennen das an folgendem Beispiel: Es kann jedem ein Maßstab dafür genannt werden, an dem er ermessen kann, inwieweit er in der Lage ist, seine inneren Sternenkräfte zu meistern. Soviel der einzelne alte Gewohnheiten überwindet, sein angeborenes Temperament zu verändern in der Lage ist und sich von dem, was er aus der Vererbung mitbekommen hat, freimachen kann, beherrscht er seine Sterne.

Man wird finden, daß auch der heutige Mensch, soweit er für sein Horoskop empfänglich ist, bis zur Vollendung des ersten Saturnumlaufes, also bis ins dreißigste Lebensjahr hinein, stärker auf das Horoskop reagiert als im 2. oder 3. Umlauf. Ein Teil der modernen Astrologen hat solches Versagen des Horoskopes bereits empirisch feststellen können. Die Schlüsse, die sie daraus zogen – soweit sie mir bekannt geworden sind –, sind falsch. Sie meinen nämlich, es läge das am Rechnen. So stellen sie die Forderung nach besseren Rechenmethoden und erfinden sie. Das führt lediglich zu einer völligen Chaotisierung der astrologischen Lehre.

Die vielen Verbesserungssysteme gehen an der Tatsache zunehmender Emanzipation des Menschen vom Kosmos – je nach seinem Bewußtseinsgrade – vorbei und damit in die Irre. So weit fortgeschritten ist dieses Freiwerden nun allerdings keineswegs, daß etwa das Horoskop mit seinen großen Marksteinen nicht stimme. Wie einst, so sprechen die Sterne auch jetzt noch. Eine Erklärung für diese Behauptung wird in einem späteren Kapitel gegeben werden.

Zu der Emanzipation vom Kosmos gehört naturgemäß auch das Sichloslösen vom Sonnen- und Mondeinfluß. Emanzipation vom Sonneneinfluß kann man z. B. rein äußerlich darin erblicken, daß der Mensch heute weitgehend auch bei Nacht arbeiten und wach sein kann. Naturgemäß ruft uns die Sonne zum Wachsein. Ist sie uns durch den Leib der Erde verdeckt, wie es jede Nacht geschieht, schläft der Mensch. Früher paßte sich der Wechsel von Wachen und Schlafen sehr wesentlich dem Auf- und Untergang der Sonne an. Wenn der Mensch sich nun auch wesentlich davon frei gemacht hat, kann er sich auf die Dauer nicht ohne gesundheitliche Schädigung völlig von diesem natürlichen Rhythmus lossagen.

Inwieweit sich der Mensch vom Mondenrhythmus emanzipierte, zeigt z. B. die weibliche Periode. Sie ist verinnerlichter Mondenrhythmus und hält – von Störungen im Organismus abgesehen – die Zeit ein. Kein äußerer Mondeneinfluß jedoch bestimmt mehr die Zeit ihres Eintretens.

Das periodische Schwanken hellerer und dunklerer Vorstellungen ist ebenso ein verinnerlichter Mondrhythmus, der in weitem Maße von äußeren Phasen unabhängig geworden ist. Daß für sensible Menschen noch eine besondere Empfindlichkeit bei Vollmond oder Neumond auftritt, zeigt uns nur noch Reste einer stärkeren Verbundenheit. Sie ist individuell gradweise unterschiedlich. Und das gleiche gilt auch für die Abhängigkeit von den Gestirnen und ihren verschiedenen Konstellationen.

Diese wenigen wohl jedem Denkenden erkennbaren Beweise mögen zur Verständlichmachung dessen genügen, wenn ich hier aufzeigen wollte, wieviel enger die Bindung der Menschen früherer Bewußtseinsstufen an den gesamten Kosmos war.

Aufgaben der Astrologie

Vier Stufen der Schöpfung

Aufgabe wieder werdender echter Astrologie wird es sein, konkret aufzuzeigen, wie des Menschen volle Leiblichkeit aus dem Kosmos heraus gebildet wurde und daher mit ihm engstens verbunden war. Unter »voller Leiblichkeit« muß nicht nur der feste physische Körper, dessen kosmische Formen von Materie erfüllt sind, verstanden werden. Zu ihr gehören vielmehr auch die Lebensprozesse, welche sich im besonderen im flüssigen Teil des Menschen abspielen. Sie haben sich ein inneres Organsystem geschaffen, wie der Kosmos ein Planetensystem hat. Zu 60% besteht der menschliche Leib aus Flüssigkeit, geradeso wie die Oberfläche des Planeten Erde. Einer dieser Lebensprozesse ist das Atmen, welches über das innermenschliche Merkur-Organ, die Lunge, eine Verbindung mit der Atmosphäre herstellt. Im Blut wieder lebt die Wärme, das Feuerelement kosmischer Herkunft. Zur Leiblichkeit gehört ferner die Empfindung, deren Grundlage das Nervensystem ist. Bis soweit haben Mensch und höher entwickeltes Tier Gemeinsames. Der *Zodiakus* hat seinen Namen *Tierkreis* daher, daß diese drei noch zur tierischen und menschlichen Leiblichkeit zu rechnenden »Prinzipien« von ihm »beherrscht« werden. Darüber hinaus hat der Mensch eine individuelle Seele und durch deren Verbindung mit dem Geist auch individuellen Geist. Das Reich des Geistes – auch Himmelreich genannt – durchdringt zwar den Kosmos, wird aber durch ihn nicht abgeschlossen. In seinem Geist ragt das, was den Menschen zum Menschen macht, über den Kosmos hinaus. Es ist das eine

Frage des Bewußtseins. Das Tier ist völlig vom Kosmos umschlossen. Der Mensch überragt in jenem Wesensbestandteil, den er mehr und mehr dadurch über das Tier hinausgehend besitzt, das Nur-Kosmische. Ich-Seele und Ich-Geist hat der Mensch. Weshalb trotzdem das Schicksal kausalgesetzmäßig verläuft, werden wir später sehen.

Als erster Schritt zur Menschwerdung entstand der physische Körper, also etwas Totes. Zwischen Totem und Lebendigem (Lebensleib) klafft eine Lücke (1. Unterbrechung). Totes geht nicht allmählich in Lebendiges über. Leben kann sich in Totes senken und es beleben. Wieder ist es ein Sprung (2. Unterbrechung) vom Nurlebendigen, als welches uns in der Natur das Pflanzenreich erscheint, und dem Empfindenden, das erstmalig vom Tier an aufwärts innerlich zu finden ist. Hier liegt die dritte Unterbrechung, die auf die Erfüllung des nun lebendigen und empfindenden Leibes mit Geist und Seele folgt, und vor uns sehen wir jetzt den Menschen, den Homo sapiens (den weisen Menschen).

Wollten wir die Wirklichkeit erfassen, so müssen wir aus diesem fortschreitenden, dreimal unterbrochenen Werdeprozeß (erstens: vom Toten zum Nurlebendigen, zweitens: vom Nurlebendigen zum auch Empfindenden und drittens: vom Nurlebendigen und Empfindenden zur geistigen Beseelung) auf vier Etappen der Schöpfung schließen.

Deren erste Etappe zeigt an ihrem Ende das Tote, Mineralähnliche zugleich in Kosmos und Mensch. Der physische Menschenleib ist das älteste Wesensglied, entstanden in urferner Vergangenheit. Während die Naturwissenschaft, in diesem Falle die Astronomie, sich die Welt aus einer Urenergie entstanden denkt, die aus ihr unerklärlichen Gründen zu plötzlicher Explosion und Expansion kam, kann eine spirituelle Wissenschaft diesen Ursprung nur im Willen der Schöpfergottheit denken.

Wenn heute noch so oft deklamiert wird, daß die materialistische Epoche der Wissenschaften überwunden sei, so kann dem nicht deutlich genug widersprochen werden. Nimmt man an, daß Mensch, Welt und die Naturreiche aus einer blinden, zu keinem Wesen gehörenden Urkraft entstanden seien, so wird ein Materiell-Physisches an den Ursprung der Schöpfung gesetzt. Die Entstehung des Lebens und seiner Lebewesen fand nach ganz moderner professoraler Anschauung zufällig »im Urschlamm« »als Urzeugung« statt. Man hat noch nicht zu der epochalen Erkenntnis Hegels zurückfinden können: Der Geist ist der Demiurg alles Seienden, Geist aber bedeutet Bewußtsein. Nicht unbewußte, blinde Kräfte können die Welt der Sterne wie die des Menschen mit ihren bewunderungswürdigen Ordnungen und Gesetzen geschaffen haben. Wollte jemand glauben, daß ein wohlgeordnetes Haus mit Inneneinrichtung von selber entsteht und dann durch zufällige chemisch-physikalische Vorgänge aus sich heraus den Baumeister gebiert? Kaum! Beim Kosmos aber wendet man dieses Prinzip an. Doch gibt es heute schon beachtliche Stimmen in der Wissenschaft selbst, wie etwa *Jaspers* (»Vom Ursprung und Ziel der Geschichte«) und *Schubart*, die vor »wissenschaftlichem Aberglauben« öffentlich warnen.

So sagt *Jaspers* a. a. O. (S. 124): »Es gibt die Masse wissenschaftlicher Ergebnisse, die einfach hingenommen werden...«, und: »Wissenschaft hat in unserem Zeitalter ein ungeheures Ansehen genossen. Man erwartet alles von ihr: die durchdringende Erkenntnis allen Seins und Hilfe in aller Not. Die falsche Erwartung ist der Wissenschaftsaberglaube, die folgende Enttäuschung führt zur Wissenschaftsverachtung.«

Bei *Schubart* lesen wir (in »Europa und die Seele des Ostens«) folgendes Zitat aus *Boutroux* (aus: »Über den Begriff des Naturgesetzes in der Wissenschaft und Philosophie der Gegenwart«): »Was wir Naturgesetze nennen, ist die Summe der Methoden, die wir erfunden haben, um uns die Dinge anzueignen und sie in den Dienst unseres Willens zu stellen.« *Schubart* fährt dann fort: »So langen wir zu unserm größten Erstaunen zuletzt wieder beim Wunder an, vor dem wir unter Führung der Vernunft in das Reich der Berechenbarkeit geflüchtet waren.«

Ist es nicht so, daß die meisten Menschen sich damit zufriedengeben, wenn ihnen gesagt wird: »Es ist heute wissenschaftlich erwiesen, daß...«?

Nichts hat sich geändert als der Gegenstand der Autorität. Auf sie baut man und nimmt alles gläubig hin. Wird von den Einrichtungen der Fixsterne gesprochen, so akzeptiert der Laie das ohne weiteres. Er weiß nicht, auf wie schwachen hypothetischen Füßen diese Resultate beruhen. Ein Heidelberger Astronom schrieb vor kurzem, daß alles das, was wir glaubten, als festen Begriff zu haben, durch neue Forschungen erschüttert sei, einschließlich jener errechneten Entfernungen. In seinem Artikel »Dunkle Materie im Weltall« (»Astronomischer Kalender für das Jahr 1947«, herausgegeben von Prof. H. Kopf) sagt Dr. *Fr. Gondolatsch:* »Es beruht nicht auf Oberflächlichkeit oder Voreiligkeit des Forschens, wenn Dinge, die man vor 20 oder 30 Jahren in den Büchern lesen konnte, in der Gegenwart nicht mehr stimmen.« So ist es heute: Unser Weltbild wird immer wieder erschüttert. Das gerade ist ein Kennzeichen unserer modernen Zeit, in der das menschliche Bewußtsein nach größerer Klarheit ringt. Den Geist beginnen wir gerade erst zu berühren. Aus Seelenkulturen schreiten wir zu solchen des Geistes, der in unseren Seelen aufzuleuchten beginnt und uns große neue Reiche der Forschung erst eröffnet. Nicht in der Horizontalen, sondern in der Vertikalen finden wir sie. Auf dem Planeten Erde sind keine neuen Länder mehr zu entdecken, unser Geistesblick wendet sich dem Kosmos zu.

Würde die Naturwissenschaft den Schritt über sich selbst hinaus wagen, käme sie zur Geisteswissenschaft als der bedeutendsten Forderung des Zeitgeistes. Es gibt aber keinen verschwommenen pansophischen allgemeinen Geist, sondern nur einen wesenhaft individuellen.

Jene blinde Kraft, durch deren Wirksamkeit die Welt samt ihren Wesen entstanden sein soll, erweist sich der Geisteswissenschaft als *Wille der Gottheit (»Throne«).* Man wird ihn eben nur nicht abstrakt auffassen dürfen, sondern substantiell. Opfer eigener göttlicher Wesenssubstanz ist jener Wille, der am Anfang unserer Welten vorhanden war. Die Urenergie ist göttliche Willenssubstanz, aus der die Gottheit ihren Eigen-Willen so herauszog, daß er zu einer neutralen Substanz wurde und damit auch später menscheneigen werden konnte. Aus ursprünglich göttlichem Seelenfeuer, göttlichem Liebesfeueropfer wurde in der erwähnten ersten makrokosmischen Schöpfungsperiode physische Wärme und durch besondere Umstände aus diesem »Feuer« der Keim zur Weltenmaterie. *Rudolf Steiner* hat in seiner »Geheimwissenschaft im Umriß« diese makrokosmischen Werdestufen im einzelnen beschrieben. (Der interessierte Leser sei darauf verwiesen.)

In unserem Zusammenhang mag zu sagen genügen, daß in der ersten Schöpfungswelle die Anlage zum Unbelebten, zum physischen Leib mit den Uranlagen der Sinnesorgane von göttlichen Wesen geschaffen wurde. Vom Umkreis schöpferischer Gotteswesen aus geschah das. Er ist die erste Andeutung des Tierkreises. Das ist der Grund für die reale Zuordnung des menschlichen Leibes vom Kopf bis zu den Füßen zu den aus differenzierten Richtungen des Umkreises wirkenden göttlichen Kräften. Sie sind die Baumeister jenes Geistestempels, den wir physischen Leib nennen. »Wärme« ist in diesem Sinne nicht als eine Eigenschaft, sondern als ein Aggregatzustand und substanziell zu verstehen.

Die Tatsache, daß der physische Leib zerfällt, sich in seine Substanzen auflöst, wenn nicht Leben in ihm ist, läßt den Schluß zu, daß die erste Schöpfungsperiode ein Ende hatte, daß sie in eine Ruhepause überging. »So ward aus Abend und Morgen der erste Tag!«

Die Geisteswissenschaft nennt die Urepoche der Schöpfung den »*Saturnzustand*«. Man hätte sie auch anders nennen können. Ihren Namen hat sie davon, daß unser Sonnenkosmos seine Grenze im Saturnumkreis hatte. Er war damals noch nicht durch Planeten differenziert. Die Zeit begann erst in ihm, als aus seelischer materielle Wärme wurde. Die Zeit wurde aus der Ewigkeit des Geistes herausgeboren. Weiter als bis da, wo wir zur Schöpferwesenheit kommen, wird es sinnlos zu fragen. In Gott endet jede Frage. Nichts aber ist zufriedenstellend beantwortet, wenn wir nicht von der Erscheinung zum Wesen durchdringen.

Hätte keine Unterbrechung der Schöpfung stattgefunden, so

gäbe es einen unmittelbaren Übergang vom Toten zum Lebendigen. Damit wäre keine Trennung, keine Scheidung zwischen beiden möglich. Die zweite makrokosmische Epoche läßt die Quintessenz der ersten wiederum entstehen und führt sie dann weiter, indem hohe Schöpferwesen Welt und Menschenkeim mit ihrer eigenen Willenssubstanz durchdringen. Was der so durchdrungene Menschenvorfahrenleib zurückstrahlt, wird Leben. Mit ihm beginnt das eigentliche Wachstum des Kosmos, der so lange nur andeutungsweise mehr als göttliche Vorstellung existierte. Wachstum ist eine Äußerung des Lebens, ein verwandelter Wille. Im Kosmos entstehen zwei Körper: die *Sonne* und ein *Saturn* an seiner Peripherie. Möglich wurde dies dadurch, daß das Weltenfeuer (Wärme) bis zum Gaszustand zusammengedrückt wurde. Bis zur jetzigen Jupitersphäre reichte »*die Sonne*«. Mit jeder Vergröberung ist auf der anderen Seite eine Verfeinerung verbunden. Luft (Gas) ward aus der Verdichtung der Wärme (Energie), Licht aus deren Verfeinerung. Jetzt erst ist ein rechter Tierkreis möglich. Die Entwicklung im Kosmos ist nur die eine Seite der Schöpfung. Gleichzeitig mit ihr erfolgt die des Menschenleibes. Auch er wird mit Leben durchdrungen. Geschenk und Substanzopfer hoher Wesen *(Kyriotetes).* Ein zweiter Leib (Sonnen- oder Lebensleib) durchdringt die physische Anlage.

Diesen zweiten Schöpfungsvorgang nennt *Rudolf Steiner* den alten »*Sonnenzustand*«.

Wiederum geht Leben nicht unmittelbar in Empfindung über. Zwischen beiden liegt der Übergang im Geistigen. Dem entspricht die schöpferische Pause zwischen dem alten Sonnen- und dem nun entstehenden »*Mondenzustand*«. Abermals steht ein göttliches Substanzopfer am Werdebeginn der dritten menschlichen Leibeshülle. (Der eigentliche Mensch ist *Geist.* Er wohnt [als Geist] in Hüllen – physischer Leib ist die dichteste Hülle und nur dadurch sichtbar, daß die Form desselben von Materie erfüllt ist. Lebensleib ist die zweite Hülle, sie ist des Menschen *Zeitenleib* und schon übersinnlich; der Empfindungs- oder Astralleib ist die dritte körperliche Hülle, ihr Gerüst im Physischen ist das

Nervensystem. Ebenso gibt es seelische und geistige Hüllen.) Der Empfindungsleib des Menschen ist ein Geschenk jener hohen Wesen, die in christlicher Hierarchienlehre die »*Dynameis*« genannt werden. Eine weitere Verdichtung der Weltsubstanz findet statt: das Zusammendrücken bis zum flüssigen Aggregatzustand. Er ist allerdings noch nicht so vom Luftigen geschieden wie jetzt. Eine Art Urnebel ist nun vorhanden. Von der Sonne trennt sich ein Urmond ab, der die Erde noch in sich trägt. Deshalb kann man vom Mondenzustand der Erde sprechen. Er findet seine Peripherie in der jetzigen Marssphäre. Im Kampf zwischen zusammendrückenden und nach außen zur Peripherie strebenden Sonnenkräften entstehen zwischen der Jupiter- und Marssphäre die Asteroiden. Sie sind Trümmer jenes Kampfes am Himmel, dem »*Taraka*« der Inder. Der Vergröberung zum flüssigen Aggregatzustand entspricht eine gleichzeitige Verfeinerung zum Klang, zum Ton.

Grundlage des Empfindungsleibes ist das Nervensystem, welches als Neues veranlagt wird. Empfindung geht nicht unmittelbar über in das, was den Menschen über das Tier erhebt und zu einem Selbst macht. Dazwischen liegt wieder eine schöpferische Pause, ein »*Pralaya*«, ein Weltenschlaf, in welchem die schöpferischen Gottheiten die neue Epoche geistig vorbereiten. Nach kurzer Wiederholung der bereits durchlaufenen Zustände und deren Anpassung an die neue Weltensituation erfolgt dann die Kompression zum Festen, zu dem, was man in der alten Elementenlehre unter »Erde« versteht als neuem Aggregatzustand. In ihm erfolgt dann erst die Trennung von Mond und Erde. Sie wurde nötig, weil die Mondenkräfte in der Erde zu einer zu starken Verhärtung geführt hätten. Die lichten, leichten Sonnenkräfte sonderten sich schon vorher aus dem zunächst jeweils wieder einheitlichen Kosmos ab. So sind Sonnen- und Mondenkräfte zu Polaritäten geworden, in deren Mitte qualitativ die Erde steht. Als Folge der Mondentrennung entsteht die Trennung in die zwei Geschlechter. Dazu mußte Mondenkraft von außen auf die Erde wirken. Seit da hat der Mensch mit dem Geschlecht zu tun. Innerhalb dieser vierten makrokosmischen

Weltenepoche erfolgt diese Trennung in einer dritten Unterperiode, die man die *lemurische* nennt. Sie beschreibt die Genesis, welche das erste Menschenpaar, bei dem die Trennung in zwei Geschlechter durchgeführt ist, *Adam* und *Eva* nennt. Der saturnische physische Leib mit Sinnesorganen erlebt im Erdenzustand seine vierte, der sonnenhafte Lebensleib seine dritte, der mondenhafte Empfindungsleib seine zweite Gestaltung. Was für den Menschen dank des Opfers und Geschenkes jener hohen Schöpferwesen *(Exusiai),* die die Genesis *Elohim* nennt, hinzutritt, ist der aus Gedankensubstanz bestehende übersinnliche Ich-Leib, in dem das Menschen-Ich sich als bewußtes Selbst erleben kann.

In einer Weise muß man den so geschaffenen Menschen als Zweiheit betrachten. Es ist nur die eine Entwicklungsströmung, die vom Physischen, nunmehr erdhaft Gewordenen ausgeht und von unten her die Leibeshüllen aufbaut. Es ist das die Strömung des Menschensohnes. Der Mensch hat aber auch einen himmlischen Teil, der solange in der Obhut, dem Schoß der geistigen Welt geblieben war: den Gottessohn. Erst im Erdenzustand kommen die beiden Teile zu einer Verbindung. Das göttliche, höhere Ich zieht erst in der lemurischen Epoche in den geeigneten tierischen Erdenleib ein, nachdem er durch diese von Göttern bewirkten kosmischen Metamorphosen dafür vorbereitet worden war.

Die erste Wirkung des Beziehens des Leibestempels ist die Aufrichtung in die Vertikale, in die Richtung des Erdenradius. Sie ist die Voraussetzung für das Bewußtwerden des Selbstes im Leibe. Gedächtnis und Sprache entstehen in der Folge während der lemurischen und atlantischen Periode. Wir leben heute in der nachatlantischen Zeit. Nach der Ausbildung der Leibesdreiheit (physischer Leib, Lebensleib, Empfindungsleib) kam es zur Ausbildung der Seelendreiheit. Sie begann in dem großen Kulturkreis von Babylon-Assyrien-Ägypten. In ihr entwickelte sich jene Seelenregion, die, sich vom Leibe langsam freimachend, von seelischer Empfindung bedient wird. In Griechenland und Rom entwickelt sich die von Gemüt und Verstand bediente Seele. In

unserer Epoche, seit dem 15. Jahrhundert, spricht die Geisteswissenschaft von der Entwicklung der Bewußtseinsseele, in der
erstmals der Geist des Menschen aus seinem himmlischen Teil
aufzuleuchten beginnt. Unserer Epoche wird die Entwicklung
von drei Geistesgliedern folgen, welche alte Weisheit *Manas-
Budhi-Atma* nannte. Erst damit wird der Mensch seine Erden-
möglichkeiten erfüllen.

Es erweist sich die menschliche Trinität als ein Abbild der
göttlichen Dreiheit.

Die Seele wird zum Vermittler zwischen Erdenwelt und Gei-
steswelt. Der schöpferische Geist wirkt über die Menschenseele
und vollbringt Geistestaten auf Erden. Die Seele wieder vermittelt Erfahrungen, die nur auf der Erde gemacht werden können,
dem Geiste.

In großen und keineswegs erschöpfenden Zügen sollte die
Entwicklung von Kosmos und Mensch aus der Schau des Gei-
stesforschers *Rudolf Steiner* den folgenden Ausführungen vor-
angestellt werden. Erst mit diesem Rüstzeug, das sich dem auf-
merksamen Forscher in allen Einzelheiten im Leben bewahrhei-
ten kann, wird es möglich, die Hintergründe der Astrologie verstehen zu lernen. Man kann sie nicht aus ihren Zusammenhängen
herauslösen.

Es beantwortet sich dann die Frage von selbst, ob die Astrologie Naturwissenschaft sein kann oder nicht. Naturwissenschaft
reicht nur so weit, wie Natur und natürlicher Leib des Menschen
reichen. Wo Seele sich offenbart, wird die Astrologie zur Psychologie, und da, wo der freie Geist wirkt, der der Schöpfer der
Natur ist, wird sie zur Geisteswissenschaft. Dazu gehört die
Schicksalskunde, denn in ihr walten Gesetze des Geistes!

Die Elemente des Horoskops

Das astrologische System ist ganz bewußt geozentrisch. Anders kann es gar nicht sein, macht es sich der Astrologe doch zur Aufgabe, alle möglichen kosmischen Umwelteinflüsse für den Geburtsort zur genauen Geburtszeit festzustellen. Zeit- und Raumkomponenten werden in einer Zeichnung, dem Horoskopschema, festgehalten.

Bei diesem handelt es sich keineswegs um etwas Einfaches, in sich Einheitliches, sondern vielmehr um eine vierfache Projektion. Zunächst errechnet der Astrologe das eigentliche Gerüst des Horoskops, die zwölf »Häuser« (siehe den folgenden Spezialabschnitt über dieses Thema). Sie sind dasjenige, was von Gegnern am meisten angegriffen und nicht verstanden wird. In der Tat sind die Häuser die Grundlage des Erdenschicksals. Sie zeigen zwölf Schicksalsregionen an. Daß es gerade zwölf sind, gleich der Anzahl der Zeichen, hängt ganz einfach damit zusammen, daß man den Raum am besten durch das Wesen der Zahl Zwölf verstehen kann (Erklärung der Zeichen siehe weiter unten). Was sich räumlich offenbart, erfolgt durch die Zwölf. So gliedert sich das Erdenschicksal, welches jeder Mensch aus den Sternensphären mitbringt, in zwölf Schicksalsgebiete. Es ist durchaus möglich, es auch anders zu gliedern, etwa weiter zu differenzieren, aber das beste und einfachste Erfassen des Schicksalhaften im Erdenraum erfolgt durch das von der Astrologie überlieferte System der Gliederung in zwölf Häuser.

Da es sich dabei um in die Erdenwelt getragene, bis ins Physische und Organische wirkende Schicksalszusammenhänge handelt, ist es wohl verständlich, daß der feste Grund, das Gerüst des

Horoskops das Kreuz aus Horizont und Meridian zur Grundlage hat. Man geht also von der Erde aus, vom Erdengeburtsort, den man in astronomisch reale Beziehung zur kosmischen Umwelt setzt. Die Linie, welche Ost- und Westhorizont miteinander verbindet, teilt den Umkreis, dessen Mittelpunkt der Geburtsort in seiner geographischen Länge und Breite ist, in zwei Hälften: in einen Halbkreis über und einen unter dem Horizont (Fig. 2).

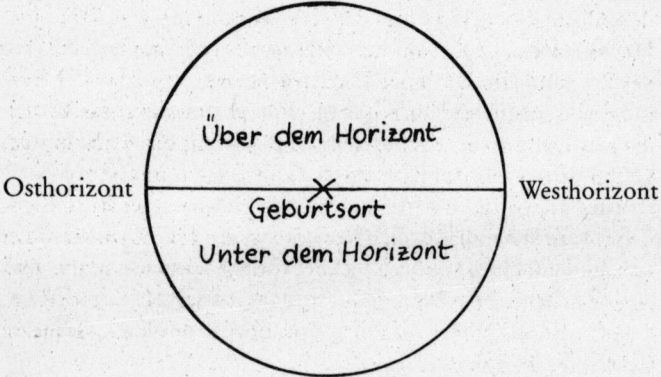

Fig. 2

Den Horizont hat man sich verlängert zu denken, bis er die Ekliptik in Ost und West trifft. Im Unendlichen würde diese Gerade mathematisch zum Kreis werden. Für den einzelnen Menschen ist die Halbierungslinie, die Verbindung von Ost- und Westhorizont, von derselben Bedeutung, wie es für das Erdenwesen der Äquator ist, jener Gleicher, der die Erde in nördliche und südliche Halbkugel trennt. Wo sich die vom Geburtsort über den Horizont gezogene gedachte Linie mit der Ekliptik trifft, ist der astrologische Aszendent, das »Aufsteigende«. Hier beginnt auch die Zählung der zwölf Schicksalsregionen oder Häuser in einer dem Uhrzeigerumlauf entgegengesetzten Richtung.

Aus östlicher Richtung betritt die inkarnierende Seele die Erde. Das ist der wahre Grund für die große Bedeutung, welche die Astrologie dem Aszendenten immer zuerkannt hat. Im »1. Hause« ist die Persönlichkeit in ihrem »Extrakt«, in einer Quintessenz, in ihrem konzentrierten Charakter (wörtlich der »Charakter«, das Eingegrabene) gegeben. Tausendfache Erfahrung bestätigt das demjenigen, der sich um eine Nachprüfung bemüht. Hält die Erde z. B. ihren Osthorizont so, daß er gerade auf das Zeichen der Zwillinge hinweist, so werden zu dieser Doppelstunde Menschenwesen inkarnieren, deren Seelenwesen durch den Charakter gerade dieses Zeichens besonders gefärbt sind. Menschenseelen, die, mit dem Sternenseelenkleide angetan, aus der Richtung der Zwillinge kommen, können *nur* dann die Erde in ihrer Geburt betreten, wenn diese ihnen das durch das Verhalten des Osthorizonts ermöglicht, d. h., wenn die Richtung des Osthorizonts auf das Zeichen der Zwillinge hinweist.

Wie der Horizont den Umkreis des Geburtsortes in südliche und nördliche Hälfte teilt, unterteilt ihn der Meridian, indem er »oben« und »unten« auf die Ekliptik trifft, in eine östliche und eine westliche. Der obere Schnittpunkt ist das M. C. (Medium Coeli) oder die Himmelsmitte, der untere das I. C. (Immum Coeli), die Himmelstiefe.

Es ergeben sich damit vier Quadranten, wie sie den vier Hauptstationen der Sonne entsprechen (Aufgang, Mittag, Untergang, Mitternacht). Das entspricht den vier Häusern eins, zehn, sieben, vier als den Schicksalsgebieten. Persönlichkeit und Charakter (Aufgang), Beruf und soziale Stellung (Mittag), Verhältnis zur menschlichen Gesellschaft, zum Du, zur Ehe oder zu sonstigen Partnerschaften (Untergang, Untertauchen!) und zu der Familie, dem Erbstrom, der dunklen Tiefe des Schoßes (Mitternacht).

Die anderen acht Häuser ergeben sich durch weitere Differenzierung, die, vom Äquator ausgehend, die Zwischenräume und den Wendekreis drittelt und dies dann in die Ekliptik projiziert. Am Äquator würden alle Häuser gleich groß sein. Durch die Schiefe der Ekliptik erfolgt eine sehr starke Individualisierung. Dadurch werden die Häuser und Quadranten ungleich groß, die Schicksale komplizierter und individueller.

Das feste Gerüst des Horoskopes, der Schoß des Erdenschicksals wird somit von dem Gestirn Erde gebildet. Jeder physische, lebende Mensch ist ein kleiner Erdenkörper für sich. Er trägt in einem Teile seines Wesens ihre Gesetzmäßigkeit. Das System der Häuser existiert nur in Zusammenhang mit den 12 »Zeichen«. Sie sind die erste Sphäre, welche den physischen Leib der Erde wie damit auch des Menschen durchdringt. Sie legen sich einer Aura gleich um Erde und Mensch. Ja, sie sind in der Erdenaura als übersinnlicher Zeitenleib selber enthalten. Kein anderer als der in der modernen Astronomie so berühmte *Kepler* war es, der davon sprach, daß Gott ein gewisses Bild des Tierkreises und des ganzen Firmaments in die Seele der Erde gedrückt habe. Für Kepler, der nach eigener Angabe aus den »goldenen Gefäßen der Ägypter« geschöpft hat, war die Erde ein Lebewesen, ein makrokosmisches lebendiges Wesen, wie der Mensch eben ein Mikrokosmos ist.

Die zwölf *Zeichen*, mit denen die Astrologie rechnet, sind keineswegs identisch mit den zwölf sichtbaren Stern*bildern* des Tierkreises. Bei den Zeichen handelt es sich gerade um jenen noch in Keplers Bewußtsein lebenden »Abdruck des Tierkreises«, wie ihn göttliche Mächte in die Erdenseele, die Erdenaura geprägt haben. Im Sinnesleben haben wir Bilder. Ist das Erleben entschwunden, so haben wir doch noch das von ihm losgelöste Bild, das wir empfinden können. Ähnlich ist die Loslösung der zwölf Zeichen von den Bildern zu verstehen.

Nicht nur der Mensch trägt den Makrokosmos in sich, wie es die Astrologie lehrt, sondern auch die Erde selbst. Sie trägt den Menschen in seinem Leben zwischen Geburt und Tod, *sie ist der Stern des Schicksals*. Sie bietet dem Menschen alle jene Verhältnisse und Grundlagen dar, die er für seine Aufgabe braucht. Sie, einst ein lebendiges Wesen, das aber seit der Tertiärzeit ihren physischen Leib betreffend in ständigem Absterben begriffen ist, weist leiblich ganz ähnliche Hüllen auf wie der Mensch.

Für den Laien ist es ein Unfaßbares, wenn er hört, daß die »Zeichen« des Astrologen gar nicht dasselbe sind wie die gleichnamigen und sichtbaren räumlichen Bilder des Tierkreises. Die

Gegner der Astrologie triumphieren und meinen, daß dieser Tatbestand genüge, sie zu widerlegen. Die zwölf astrologischen Zeichen weisen keinerlei Sterne auf. In *dieser* Hinsicht ist die Astrologie eine Lehre ohne Sterne! Aber gemach!

Die Astronomie ist, wie wir sahen, heute noch der Meinung, daß das kopernikanische System das »richtige« sei. In der Kalenderrechnung aber wird sie sich selbst untreu, weil eben ihr System dafür ungeeignet ist. Im Kalender gibt man die Stellungen der Sonne so an, als wäre sie es, die sich um die Erde bewegt. Auch ist es noch vielfach gebräuchlich, die Stellungen von Sonne, Mond und Planeten nach den Zeichen, also in Ekliptiklänge, anzugeben. Es wird dabei zumeist vermieden zu sagen, daß Zeichen und Bild sich voneinander wesentlich unterscheiden. In fast allen Kalendern wird weiterhin nach Zeichen gerechnet. Der Laie weiß dabei gar nicht, daß ein »Mond im Widder« gar nicht im Sternbild des Widders, sondern in dem der Fische am sichtbaren Himmel aufgesucht werden müßte.

Und dennoch! Die zwölf Zeichen erweisen sich als eine Realität, obwohl sie dem Sinnesauge nicht gegenständlich erscheinen.

Worum es sich bei den zwölf Zeichen handelt, das gehört nämlich in den Bereich des Rhythmischen. Der Sonnenrhythmus selber ist es, der sich im Raume nun wieder einmal durch eine Zwölfheit ausdrückt und differenziert. Wiederum wäre es durchaus möglich, das Jahr z. B. in mehr oder weniger Monate zu teilen. Am besten und sichersten aber erfaßt man das Wesen des Sonnenrhythmus im Tierkreis durch die 12 Zeichen.

Jeder wird zugeben müssen, daß der Charakter der 12 Monate sich durchaus voneinander unterscheidet. Der November z. B. hat immer wieder den Charakter des Tierkreiszeichens Skorpion, obwohl die Sonne dann noch in den sichtbaren Bildern von Jungfrau und Waage zu finden ist.

Immer da ist dem Tierkreis*zeichen* gemäß »null Grad Widder«, wo die Sonne im Augenblick der Frühlings-Tag-und-Nachtgleiche, also zum astronomischen Frühlingsbeginn, steht.

Diesen astronomischen Ort nennt man den Frühlingspunkt.

Er wandert rückwärts durch den Tierkreis, wofür er nach astronomischen Berechnungen und Messungen rund 26 000 Jahre benötigt. Der Zeitraum für diese Bewegung ist ein »Großes Jahr« (das sogenannte Platonische Jahr) oder besser ein »Weltenjahr«, das man ebenso in zwölf Weltenmonate unterteilen kann wie das gewöhnliche Jahr in Monate. Es handelt sich hier um die sogenannte »Präzession des Frühlingspunkts«, deren Zustandekommen in astronomischen Büchern erklärt wird und dort nachgelesen werden kann. Es würde den gesteckten Rahmen unseres Buches sprengen, wollten wir alle astronomischen Phänomene eingehender erläutern. Zumindest seit Hipparch (ca. 190–125 v. Chr.) ist die Verschiebung des Frühlingspunktes bekannt. Vieles spricht dafür, daß sie in den alten Mysterienstätten Ägyptens, Babylons und auch im Fernen Osten wesentlich früher gewußt wurde, zumindest ihrem rhythmischen Wesen nach. Auch Ptolemaios, der etwa 300 Jahre nach Hipparch lebte, kannte sie, und trotzdem blieb er der große Lehrer sowohl der Astrologie wie der werdenden Astronomie.

Vom astronomischen Ekliptikort des Frühlingsbeginnes an, von jenem Punkte an also, wo sich Ekliptik und Äquator schneiden, rechnen die zwölf *Zeichen*. Sie sind alle im Raume gemessen 30 Bogengrade groß. Schon aus dieser Gleichheit der Zeichen ergibt sich ihre Abweichung von den sichtbaren Sternbildern gleichen Namens. Die Sinnesbeobachtung war in der griechischen Zeit bereits so weit gediehen, daß die ungleiche Größe der zwölf Bilder auffallen mußte.

Bei den zwölf *Zeichen* handelt es sich primär nicht um eine Raumesgröße, sondern um eine solche der *Zeit!* Was in der Zeit nacheinander wahrgenommen wird, liegt im Raum nebeneinander. Will man somit auf den Ort der Ekliptik hinweisen, in dem das primäre Zeiterleben, der besondere Rhythmus stattfindet, so kann das geschehen, indem man jedem Rhythmus das harmonisch gleiche Maß von 30 Graden, gerechnet vom Frühlingspunkte an, wo der Durchbruch vom Dunkel zum Licht des Jahres erfolgt, zuerkennt.

Das allein schon sagt uns, daß der ekliptikale Ort, gemessen an den Fixsternen, sich durchaus verschieben kann. Eine Bindung besteht lediglich an den Frühlingspunkt. Die astrologischen Zeichen weisen uns also auf ein Rhythmisches, auf ein *Verhältnis*, das zwischen dem Planeten Erde und ihrer Mutter, dem Fixstern Sonne, besteht. Die zwölf Zeichen bestehen somit durch ein *Verhältnis*, das sich aus rhythmischen Prozessen ergibt. Hier ist es der Prozeß des Jahreslaufes. Einen »Zeitenleib« der Erde könnte man die Zeichen nennen, weil sie nicht abstrakt, sondern substantiell sind.

Was nun hängt mit diesem Rhythmus zusammen? Das vegetative Leben auf der Erde ist von ihm abhängig! Und gerade da, wo wir im Menschen rhythmische Prozesse finden, können wir feststellen – und niemand kann das bezweifeln –, daß auch sie mit dem Leben zu tun haben. Der Blutkreislauf und der Atmungsprozeß, beide in der Brust des Menschen zentriert, sind Kriterien des Lebens und in besonderer Weise, wie wir noch zeigen werden, der Zeit. In den zwölf Zeichen haben wir somit etwas, was gleichfalls mit den Lebensprozessen der Erde in ihrer rhythmischen Folge zu tun hat.

Sowenig der Anatom im physischen Leibe eine Seele findet, so wenig findet der Astronom eine solche im Leibe des Planeten Erde.

»Meint nicht, ich fable, wenn ich von den Seelen euch singe der Sterne« (Klopstock). Auch die Erde ist ein Stern! Auch die Erde trägt in sich das Bild des ganzen Kosmos, der sie von allen Richtungen durchdringt. Nur für uns intellektuelle Menschen ist ein Bild etwas Totes. Ein Bild des Kosmos in sich tragen, heißt aber zugleich auch, die Kräftegliederung desselben besitzen.

Spezifische Lebenskräfte sind durch den Sonnenrhythmus für Erde und Mensch gegeben. In den zwölf Zeichen drücken sie ihren Charakter aus. Dieser korrespondiert mit dem Charakter der zwölf Monate im Jahr. Wir ziehen hier nur die nördliche Erdhälfte in Betracht, wo sich der Monats-Charakter ganz besonders in der gemäßigten Zone ausspricht. In ihr verläuft, wie wir an anderer Stelle sehen werden, der Zyklus der Kulturperioden. Auf sie also kommt es an!

Im Lebensleib (Äther- oder Zeitenleib) der Erde ist jener Abdruck der 12 Zeichen zu finden. Von ihnen, die den Sonnenrhythmus zeigen, gehen die typenbildenden Kräfte aus. Man kann daher von zwölf Ätherleibtypen sprechen, die ihren Charakter, ihr Wesen, ihre spezifische Art den physischen Leibern ein- und aufprägen. Die Astrologie hat völlig recht, wenn sie diese zwölf Typen beim Menschen unterscheidet. Das prägsamste Zeichen ist jenes des Aszendenten, dann erst das, in dem die Sonne bei der Geburt stand. Schließlich kommen noch weitere Faktoren in Frage. Durch eine Typenmischung ist es eben so, daß reine charakteristische Typen selten sind. Das klarste Typenbild ergibt sich, wenn Aszendent und Sonne im gleichen Zeichen stehen und im »ersten Haus«, also unmittelbar unter dem Osthorizont, keine weiteren Planeten stehen. Es zeigt sich nämlich der Erfahrung, daß diese in der eben erwähnten Lage das Typenbild stark beeinträchtigen und individualisieren. Ein Saturn macht im Prinzip die Gestalt hager und mager, ein Jupiter füllig, eine Venus anmutig usw.

Weiterhin kommt dann ein anders geartetes Element in das Horoskop hinein: die Planeten (Wandelsterne!). Sie fügen im makrokosmischen Wesen wiederum etwas zu dem bis da Vorhandenen hinzu. Ihre Bewegungen, ihr Kreisen, das Bilden von Schleifen in Verbindung mit der »Rückläufigkeit«, ihr Näher-Herankommen und Sich-dann-wieder-Entfernen (Erdnähe, Erdferne), ihr Höher- und Tiefergleiten (in der Deklination), all das ist eben nicht nur eine Bewegung toter Körper. Wie man von einer atmenden Erdenseele sprechen darf und muß, so auch von den Seelen anderer Planeten. *Empfindungen* sind mit diesen Bewegungen verbunden! Denken wir an die Begegnung von Menschen. Auch da geschieht etwas, was das Seelische betrifft. Die äußere Bewegung ist nur Ausdruck einer inneren, des Triebes und des Willens. Seelenhaftes, Astralisches dürfen wir in der Planetengesamtheit sehen. Wie sich dieses spezifiziert, werden wir später zu sagen versuchen.

Hier muß nun auf etwas ganz Wesentliches aufmerksam gemacht werden. Der Begriff »Planet« ist für den heutigen Astro-

nomen nämlich etwas anderes als das, was einst in der alten Ster-
nenweisheit unter ihm verstanden wurde. Damals war nicht nur
dasjenige »Planet«, was wir als solchen bezeichnen, also etwa der
Leuchtepunkt Mars oder Venus. Was wir heute allgemein »den
Planeten« nennen, war in alter astrologischer Anschauung nur
der an der Peripherie des Gesamtplaneten leuchtende Punkt. Der
ganze Planet aber war sein *Sphären*gebilde. Der sichtbare Planet
beschreibt seine Bahn. Sie ist die Grenze seiner Sphäre in Richtung zum Kosmos. Nach »unten« reichte jede Sphäre bis in die
Erde hinein. Nehmen wir ein Beispiel: Der Mond umkreist die
Erde. Im alten astrologischen Sinne war all das »Mond«, was von
seiner Bahn bis zur Erde herunterreichte. In gleicher Weise war
»Sonne« alles das, was von dieser herab bis zur Erde wirkte.
Sonne ist da, wo sie scheint! Differenziertes, individuelles Licht
dringt von den Sternen zu uns. Auf den Bahnen des Lichtes aber
kommt wiederum differenziert Geistig-Seelisches zu uns. Daß
dies mit physischen Apparaten nicht feststellbar ist, scheint klar
zu sein. Der feinste »Apparat« ist die Seele des Menschen, das
feinste unsichtbare Licht der Geist des Menschen, der in seiner
Seele selbstbewußt wird. Er ist es, der Klarheit in das Dunkel der
Zusammenhänge zu bringen vermag.

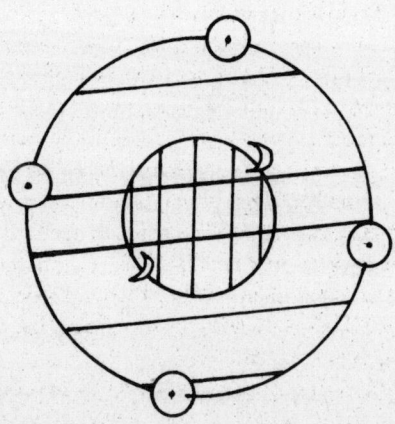

Fig. 3

Die Erde war jener Ort, in der sich alle Sternensphären durchdrangen. In ganz feiner Substantialität, die physisch nicht nachweisbar sein muß, wirkten Silberkräfte von der Mondenbahn abwärts bis zur Erde, Gold dagegen von der Sonne usw. (Fig. 3). Man stand nach dieser Auffassung auf Erden mitten drinnen in allen Planetensphären; auf der Erde, in der Erde, um die Erde herum waren Planetenkräfte, waren Planetensphärensubstanzen differenziert anwesend! Man braucht nicht erst mit Raumschiffen zu den fernen Planeten zu gelangen, sondern man hatte sie sphärisch und substantiell in Unmittelbarkeit auf Erden gegeben!

In den Bewegungen der Planeten glitten Sphären übereinander; Sphären atmeten in Erdferne und Erdnähe aus und ein, zogen sich zusammen, dehnten sich in lebendig empfindendem Prozeß! Für Geistesohren war die Sphärenmusik eine Realität. Von Pythagoras wird berichtet, er habe sie noch gehört. Goethe läßt Ariel im »Faust« sagen:

> Horchet, horcht dem Sturm der Horen.
> Tönend wird für Geistesohren
> Schon der neue Tag geboren.
> Felsentore knarren rasselnd,
> Phöbus' Räder rollen prasselnd;
> Welch Getöse bringt das Licht!
> Es drommetet, es posaunet,
> Auge blinzt und Ohr erstaunet...

Engelwesen (Sriel), nicht mehr Menschen sind es, für deren Geistesohren noch hörbar ist, was einst der Mensch vor der Emanzipation des Intellekts auch kannte.

Das nun ist etwas ganz Wesentliches, dem heutigen Astrologen zumeist Unbekanntes, daß der Begriff des *astrologischen* Planeten ein viel umfassenderer ist als der des astronomischen. Man wird der Astrologie erst gerecht werden können, wenn der Sphärenbegriff wieder Geltung haben wird. Danach werden wir streben müssen: den Substanzunterschied der sieben alten Planetensphären in exakter Art nachzuweisen. Bisher ist mir in dieser Hinsicht nur die Arbeit von Dr. Kolisko: »Der Mond und das Silber« bekannt, wo dieser Nachweis bereits gelang.

Wir werden an dieser Stelle noch nicht auf das spezifische Wesen der Planetensphären weiter eingehen. Es soll dies einer späteren Arbeit vorbehalten bleiben.

Ich sprach davon, daß es ein Vierfaches ist, was der Astrologe in ein einziges Schema, das Horoskop, projiziert. Dabei fanden wir:

1. das physische Gerüst, den physischen Leib, in den das Schicksal hineingewoben ist,
2. den belebenden Zeitenumkreis der 12 Zeichen,
3. die astralen, seelischen Sphären der sieben alten Planeten; dazu mit spezifischer Bedeutung die neuen.

Als ein Viertes und Letztes folgt nun der Umkreis der Fixsterne, sei es innerhalb oder außerhalb des Tierkreises.

Der Astrologe berücksichtigt gemäß den Erfahrungen der Astrologie nur jene Fixsterne aus einer Auslese von etwa hundert besonders wirksamen, die eine sehr enge Beziehung zu den Planeten des Horoskopes oder zu den Häuserspitzen (so nennt man den ersten Grad jeden Hauses) haben, also etwa die, welche auf die Ekliptik bezogen in gleicher Länge stehen. Es ist daher abwegig, als Beweis gegen die Astrologie anzuführen: So viele Fixsterne stehen am Himmel, und dort sucht die Astrologie nur wenige heraus, die zum Menschen Beziehung haben sollen.

Wiederum ist es nötig, den *Begriff des Tierkreiszeichens richtigzustellen*. Der gesamte Himmel vom nördlichen bis zum südlichen Ekliptikpol gehört zu den zwölf Tierkreisbereichen.

Denken wir uns vom nördlichen Ekliptikpol je eine Linie zu dem Anfangs- und Endpunkt jedes der zwölf Zeichen gezogen und dasselbe dann auch vom südlichen Pol der Ekliptik, so erhalten wir ein Bild, das wir vom Globus her schon kennen: die Meridiane oder geographischen Längengrade (Stundenkreise), vom Äquatornordpol zu dessen Südpol.

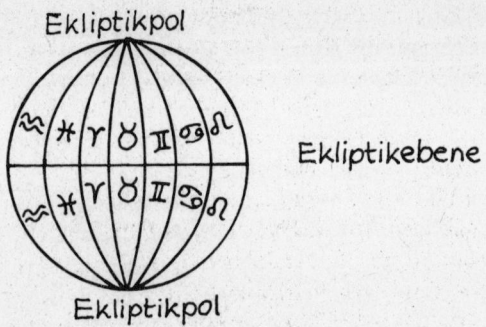

Fig. 4

Für uns aber handelt es sich, wohlgemerkt, um die Pole der Ekliptik! Man erhält ein Bild wie das einer Orange, deren Schale man von oben nach unten in zwölf gleich große Segmente teilt. Innerhalb dieser zwölf *sphärischen Segmente* liegen alle Fixsterne inner- und außerhalb des Tierkreises. In dieser Art gehört z. B. der *Orion* zur Region der Zwillinge, der große und kleine Hund zu jener des Krebses, das Medusenhaupt zum Stier, die Wega in der Leyer zum Steinbock usw. Dafür verfügt die Astrologie über Tabellen, denen diese Verhältnisse für bestimmte Termine zu entnehmen sind. (Orion und Hunde setzen sich zwar aus mehreren Fixsternen zusammen, aber für unsere Betrachtung sind die Gruppen »Orion«, »Hund« usw. als ein Glied zu werten, da sie eine Gruppenseele bedeuten.)

Sowohl für Planeten als für Tierkreisregionen sehen wir, daß begriffsmäßig ein Zusammenschrumpfen stattgefunden hat. Der Planet ist bis zum Sichtpunkt, der Tierkreis bis zu einem schmalen Band verkleinert worden.

Wollen wir in rechter Weise astrologisch arbeiten, müssen wir aus dieser Begriffsverwirrung wieder heraus und die alten Begriffe nunmehr bewußt wieder herstellen! Zwischen einem Noch-Glauben und einem Wieder-Glauben ist ein großer Unterschied. Der sehr geistreiche *Georg Christoph Lichtenberg* sagte dazu: »*Noch* glauben, daß der Mond auf die Pflanze wirke, verrät Dummheit und Aberglauben, aber es *wieder* glauben zeugt von Philosophie und Nachdenken.«

Schließlich ist wohl nur derjenige dumm zu nennen, der niemals anders gedacht hat, als es gerade in Mode war.

Das »Wieder-Glauben« wird dann schon mehr in die Sphäre des Erkennens gerückt, in eine größere Sicherheit, als es das bloße »Fürwahrhalten« ist.

Im übrigen darf man diejenigen, die die Astrologie ablehnen und sich auf exakte »Wissenschaft« berufen, fragen, worauf ihre Ansicht denn beruhe. Sie beruht nämlich auf nichts anderem als dem blinden Glauben an andere »Autoritäten«.

Woher »weiß« der Laie, ob die von der Astronomie heute angegebenen Entfernungen der Gestirne richtig sind. Er »weiß« es absolut nicht, er hat es gelesen oder gehört und *glaubt* es, im Vertrauen auf Autoritäten.

Der Unglaube an die Astrologie beruht auf dem blinden Glauben an das, was ihre Gegner innerhalb der Wissenschaften behaupten! Die »exakten« Wissenschaften sind aber genauso wie die Philosophien zugleich eine Geschichte menschlicher Irrtümer! Früher änderten sich die wissenschaftlichen Ansichten nur in größeren Zeiträumen, heute jagen sich umstürzlerische Änderungen auf diesem Gebiet. Die Autorität des Aristoteles blieb annähernd 2000 Jahre unerschüttert. Heute halten sich wissenschaftliche Thesen oft kaum 20 Jahre! Wieviel Irrtümer liegen zeitlich hinter uns. Und trotzdem, von Irrtum zu Irrtum schreitend, rankt sich der menschliche Geist um den Baum der Erkenntnis empor. Mir kommt es vor, als ob in Wissenschaft und Philosophie dieselbe Bewegungstendenz herrsche wie in unserem Sonnensystem. Als Ganzes strebt es in Spiralen empor zu jenem »Apex« genannten Punkt im Bilde des Herkules. Wie die Schlangen sich an einem Merkurstab nach oben winden, tut solches das menschliche Erkenntnisstreben. Die Wahrheit ist dabei der Stab.

Keineswegs sollte etwa die Wissenschaft gering geachtet werden. Aber ebenso muß vor der heute üblichen Überschätzung und dem blinden Glauben an sie doch gewarnt werden dürfen.

Sie ist durch viele Irrtümer gegangen. Es ist müßig, Beispiele zu geben, jeder kann sie finden. Irren ist menschlich! Die Astrologie ist aber nicht wie die viel, viel jüngere Wissenschaft ein Kind des Intellekts, sondern entstammt einer Zeit, in der der Mensch noch unmittelbarer Geistesberührung fähig war, wenn auch in einer Art, die wir heute atavistisch nennen. Die Quellen der Astrologie liegen im übersinnlichen Erfahrungsbereich.

Dem gewöhnlichen Erkennen sind Grenzen gesetzt. Diese erweisen sich dem werdenden Seher jedoch nur als unter besonderen Verhältnissen überschreitbare Schwellen. Einem neuen übersinnlichen Erkennen öffnen sich die Reiche des Geistes, und eine neue Schwelle (Grenze) tut sich erst da auf, wo schließlich Übergeistiges beginnt. Die höchste Trinität ist übergeistig. Sie bleibt auch den heute erreichbaren höheren Erkenntnisarten noch verhüllt. Auch der Quell des Lebens weist uns in übergeistige und überkosmische Sphären. Das »Letzte« bleibt uns immer wieder verhüllt, wenngleich Schleier um Schleier fallen mag. Immer noch bleibt uns Menschen ein weiterer Schleier.

Wir sahen zuletzt, wie der Astrologe das Hereinwirken von Fixsternen in das Horoskop festhält. Er findet dabei, daß die in der Astrologie bekannten »Königlichen Fixsterne« (eine Auslese von Sternen »erster Größe«) nur sehr selten eine starke Position im Horoskop haben. Bei den Größenklassen der Fixsterne ist es so wie bei den Menschen. Genies sind sehr selten; die meisten Menschen gleichen den Klassen der mit bloßem Auge nicht sichtbaren Fixsterne. Es besteht jedenfalls eine Möglichkeit, die Menschen so zu klassifizieren, wie der Mensch es mit den Fixsternen macht. Je qualifizierter, desto geringer die Zahl!

Das Hereinwirken der Fixsterne zeigt ein Grüßen und Begnaden durch dasjenige, was im Kosmos geistig ist. Mögen die Fixsterne für die Astronomie Gasbälle, Energiegebilde sein. Sie irrt, wenn sie sie nur dafür hält. Es ist überphysisches und geistiges, zum Leuchten gebrachtes Wesenhaftes, was von den Fixsternen zur Erde wirkt.

So finden wir, daß wir den Kosmos von der Erde hinauf zu den

Fixsternen in ähnlicher Weise verstehen lernen können wie den Menschen:

1. als physisches Wesen, von Materie erfüllt,
2. als Lebewesen,
3. als Seelenwesen,
4. als Geisteswesen.

Auf der Erde selbst finden sich vier entsprechende Reiche wieder:

zu 1: das Mineralreich,
zu 2: das Pflanzenreich,
zu 3: das Tierreich,
zu 4: das Menschenreich.

Nur im Menschen auf Erden sind alle vier Reiche zugleich enthalten, im Tier nur drei, in der Pflanze nur zwei, im Mineral nur eines.

Eine tiefere Betrachtung zeigt uns, daß nicht nur der Mensch ein Kosmos für sich ist, nach dem Bilde des Makrokosmos, sondern überall, wohin wir in geistgemäßer Art schauen, finden wir die kosmischen »Prinzipien« wirkend. Daher hat die alte Astrologie völlig recht, überall »Entsprechungen« zu finden. Wir leben im Kosmos. Alles Entstehende existiert durch ihn, aus ihm, in ihm. Füglich muß alles auch Kosmischem entsprechen. Man muß es geistesgemäß suchen!

Das, was das eigentliche Wesen des Menschen ausmacht, wird von den Fixsternen gerade noch berührt. Die eigentliche Individualität ist selber fixsternhaft. In ihrem Wesen ragt sie über den Tierkreis noch hinaus, d. h., sie ist durch ihn nicht voll gebunden. Der Tierkreis heißt auch deshalb Tierkreis, weil vom Mineral herauf bis zum Tier in ihm alles gebunden und seinem Gesetz unterworfen ist. Das gilt auch für das, was im Menschen von der physischen Substanz bis zum Triebhaft-Tierähnlichen in ihm ist. Mit dem, was als Geistig-Individuelles über dem Tier im Menschen steckt, ragt das Menschenwesen über den Tierkreis hinaus. Nur die drei niederen Glieder seines Wesens sind gebunden, sein Geistiges, das frei von Sympathie und Antipathie, vom Trieb nicht Erfaßtes, steht jenseits des Horoskopes. Das Tier ganz, der Mensch aber nur bis zum Tierähnlichen in ihm selber muß dem Horoskop gehorchen: Instinkt, Trieb und Begierde.

Wie kommen die zwölf Häuser zu ihren Bedeutungen?

Die moderne Astrologie meint vielfach, daß man den Begriff »Haus« irgendwie abwandeln müsse. So hat man ihn durch »Feld« ersetzen wollen. Das wäre ein Begriff, den man der Naturwissenschaft entlehnte, die von »elektromagnetischen Feldern« spricht. Man übersieht, daß dabei in materialistische Begriffe abgerutscht wird. Erinnern wir uns daran, daß man die Häuser einst auch »Throne« genannt hat, ist man ihrer Grundbedeutung schon wesentlich näher. »Throne« waren hohe weltschöpferische Wesen. Vom bloßen abstrakten Begriff müssen wir das ursprünglich Bildhaft-Lebendige und schließlich das Wesen selber wieder erstehen lassen. Wie »Osiris« zum Begriff des Koordinaten-Nullpunktes der Sonne abstrahiert wurde, so blieb uns von dem Wesen der Throne nur noch der Begriff. Er ist wie ein Samenkorn des ursprünglichen Wesens. Im Begriff fassen wir gerade noch das letzte Zipfelchen des ganzen Wesens.

Heute nun ist der Begriff zu einem »Ersten« geworden: Von diesem Zipfelchen müssen wir ausgehen, um mit der Zeit, die uns neue übersinnliche Erkenntnis ermöglicht, von ihm als Basis ausgehend, das ganze Wesen wieder erschauen lernen zu können. Im Abschnitt »Egozentrisches System der Astrologie – die Hierarchien bestätigen es« wird mehr vom Kosmos der Wesen zu lesen sein.

Wir sind dem Begriff der Throne im vorhergehenden Text schon begegnet, und zwar da, wo wir von der ersten Schöpfungsepoche sprachen. Sie waren es, die durch Opfer eines Teiles ihrer Seelensubstanz den göttlichen Willen, die Urenergie als väterlichen Weltengrund abgaben. Die erste Anlage des physischen

Leibes entstand aus ihm. Er ist heute in seiner vierten Metamorphose das Älteste des Erdenmenschen. In ihm sind die physischen Wahrnehmungsorgane, die Sinne gleichzeitig veranlagt worden. Unser Sinnesleben beruht auf dem Wesen des Willens. Aus Thronen und Palästen der Götter wurden auf die Erde bezogen »Häuser« des Menschengeistes! Wir wissen von der wahren Natur des Willens sehr wenig, wir haben nur Vorstellungen von ihm. Was wirklich in uns geschieht, wenn der Wille sich äußert, wissen wir nicht. Der Mensch ist nur im Denken wach, im Fühlen träumt, im Willen schläft er. Der Wille ist uns noch ein Dunkles, das nur vom Eingeweihten im Zustand echter Intuition ins Licht des Bewußtseins gehoben werden kann.

Gerade aber im dunklen Willen verbirgt sich auch unser individuelles Schicksal. Ihm gegenüber sind wir im Zustand des Trance-Bewußtseins. In traumwandlerischer Sicherheit gehen wir unserem Schicksal entgegen!

Weltenrichtkräfte walten in ihm, Weltenkräfte aus den differenzierten zwölf Richtungen. Wiederum sind es keine blinden, in der Welt schwimmenden, zu niemandem gehörende Weltenkräfte. Sie gehören vielmehr zum eigenen Ich. Unser eigener Engel wacht über ihnen. Er führt uns zu unserem Schicksal, das zutiefst den Notwendigkeiten unserer Entwicklung entspricht. Das Schicksal meint es immer gut, selbst wenn wir durch Schande, Krankheit, Leid hindurchgehen müssen. Leid ist der Quell der Erkenntnis, gleich wie die Perle in der Auster durch Schmerz und Störung entsteht.

In den Häusern haben wir etwas Willensmäßiges, jene uns noch dunkle Seelenkraft, wie sie sich z. B. in unserem Stoffwechsel äußert und unseren Sinnen zugrunde liegt.

Es sind freilich zwölf Häuser und nicht fünf. Erst die Sinneslehre *Steiners* ist in der Lage, das Rätsel zu lösen. Er faßt den Sinnesbegriff weiter und kommt zu zwölf Sinnen. Nach ihm kann all dasjenige Sinn genannt werden, »was den Menschen dazu veranlaßt, das Dasein eines Gegenstandes, Wesens oder Vorganges so anzuerkennen, daß er dieses Dasein in die physische Welt zu setzen berechtigt ist«.

Im folgenden soll der Versuch unternommen werden, aus dem Wesen dieser zwölf Sinne die Urbedeutung der zwölf Häuser abzuleiten. Es ist dies ein erstmaliger Versuch, Licht in die astrologische Tradition zu bringen.

5. Haus. Ich will dabei vom Lebenssinn ausgehen und damit vom 5. Haus. Von ihm aus scheint mir das Verständnis am leichtesten möglich. Der Lebenssinn ermöglicht uns das Wahrnehmen des Lebensgefühls als Erfrischung oder Ermattung, als erhöhte oder gedämpfte Lebensstimmung. Bei Störungen ist die Wahrnehmung stärker, obwohl sie immer da ist. Bei Hunger und Durst, Mattheit und Erfrischung äußert sich dieser Sinn. Durch ihn nehmen wir das Gefüge unserer Leiblichkeit als ein den Raum erfüllendes Selbst wahr.

Erhöhtes Lebensgefühl macht Vergnügen, und umgekehrt bewirken Vergnügungen erhöhte Lebensgefühle. Wir kommen in dieser Weise dazu, die Urbedeutung des 5. »Hauses« zu verstehen.

Im Kosmos ist es die Sonne, durch welche die Planeten ihr Leben haben. Die Sonne ist es, die Leben weckt. In ihren Strahlen ist auch Wärme, Licht und ordnende Formkraft, die den Leib aufbaut. Im Geistig-Seelischen bedeutet Wärme aber Liebe, Licht dagegen Erkenntnis.

Im 5. Haus tritt uns die ursprüngliche Einheit von Leben, Liebe, Licht und leibaufbauender Formkraft entgegen. Aus diesem Grunde haben wir im *5. Haus des Lebens und der Liebe Wellen.*

Die ordnend strömenden Lichtkräfte dagegen haben mit den Lehren der Wahrheit zu tun. Im Licht lebt die Wahrheit der Welt. Belehrung und Unterricht gehören zum 5. Haus. Sie beginnen als *Spieltrieb,* gleichsam ein Spiel zwischen Licht und Schatten.

Die höchste Lebenslust ergibt sich aus dem Schöpferischen. Das kann sich auf verschiedenen Gebieten vollziehen. Der Mensch wird ebenso zum Schöpfer in dem Reich des Geistig-Seelischen, in Wissenschaft und Kunst, wie auch im Leiblichen. So kann er Geisteskinder haben wie leibliche. Er zeugt von der

Wahrheit, wie er Kinder zeugt. *Fruchtbarkeit* auf allen Plänen. Die Häuser haben ihren Charakter von den Sternbildern über die gleichnamigen Zeichen erhalten. In den unsichtbaren, übersinnlichen *Zeichen* sind die die Sinnesorgane aufbauenden Kräfte des zwölfgeteilten Tierkreises (Bilder) lediglich in das Rhythmische transformiert. Im individuellen Horoskop sind die Wirkungen der Sternbilder und Zeichen in den »Häusern« losgelöst.

Am 5. Haus braucht heute daher nicht mehr der Löwe zu stehen, sondern jedes andere Zeichen ist möglich. Es gibt mehr solche losgelöste Prozesse, die einst mit dem Kosmos zusammenhingen, heute aber im individuellen Menschen von äußeren Konstellationen unabhängig für sich da sind. Man denke z. B. wieder an den 28-Tage-Rhythmus im Leben der Frau. Es ist ein Mondenrhythmus, der aber heute von keiner Mondenkonstellation mehr abhängt. Er ist verinnerlichter menscheneigener Rhythmus geworden, der seinen Ursprung aber noch erkennen läßt. Die Sprache des Blutes ist in keinem Haus so drängend wie im fünften, das noch heute Löwennatur zeigt. Im kosmischen Menschen entsprechen der Löwe der Herzregion und das Sonnenleben dem der innermenschlichen Zirkulation. Aus dem kosmischen Menschen wird vorgeburtlich der irdische. Die große makrokosmische, die Sphären durchdringende Menschwesenheit zieht sich zusammen, muß durch das »Nadelöhr«, das kleine »Nichts« vermittels der Konzeption inkarnieren, um dann als reales Bild des Kosmos irdischer Mensch zu werden. Was außen war, wird innen!

> »So ergreifet ohne Säumnis –
> heilig, öffentlich Geheimnis.«

Dieses Goethewort kann man auch auf den Prozeß der Ein- und Umstülpung des vorgeburtlich makrokosmischen Menschen in den Mutterleib anwenden.

Allerdings ist die Entwicklung des Menschenwesens weitergeschritten. Nicht in gleichem Maße ist das Blut heute noch Träger des Geistes. Immer unabhängiger wird das Geistesleben von dem des Blutes. Das Blut hat seine alte Bindekraft verloren. Gemeinsame geistige Interessen, Weltanschauungen binden heute die

Menschen, zumindest innerhalb der weißen Rasse, enger zusammen als die Familienblutbande vorchristlicher Zeiten.

Grundlage des 5. Hauses ist und bleibt das, was eingangs als »Lebenssinn« bezeichnet wurde. Von ihm müssen wir ausgehen und können dann die überlieferten »Bedeutungen« des 5. Hauses einsehen lernen.

Der vom Blut getriebene Mensch neigt, bei hochgehenden Wellen, zur Spekulation, wird haltlos.

Die alte Astrologie nennt als Grundbedeutung des 5. Hauses: Liebe, Kinder (als Produkt des leiblich Schöpferischen), Unterricht, belehren (als Ergebnis des intellektuell Schöpferischen), Vergnügung, Spekulation.

Das 6. *Haus* wird uns durch den »*Eigenbewegungssinn*« verständlich, durch den Lebenssinn hat der Mensch nur allgemeine Empfindungen über seine Leiblichkeit. Durch den Eigenbewegungssinn nimmt er Veränderungen in ihr als Wechselwirkung zwischen unserem Lebens- oder Ätherleib und dem physischen Leib wahr. Im Lebensleib sind die formenden, aufbauenden, gestaltenden Bildekräfte des physischen Leibes wirksam. Verläßt das Leben den irdischen Leib, so verfällt dieser. Das Lebensprinzip ist es also, das seine Organe bildet, erhält, erneuert, zusammenhält in der Art, daß man von einem lebendigen Organismus sprechen kann. Der physische, von dunkler Erdenmaterie erfüllte Leib hat immerwährend die Tendenz zu erkranken. Der Lebensleib dagegen, übersinnlich an sich, wirkt gesundend. Fühlen wir unsere Organe, so sind sie erkrankt. Störungen des physischen Leibes, Formveränderungen empfinden wir; daß wir überhaupt Formen wahrnehmen, verdanken wir diesem Sinn.

Krankheiten findet man als Urbedeutung des 6. Hauses.

Wir erleben nun unsere innere Beweglichkeit, die bewirkt, daß sich unsere Glieder bewegen, vom Innersten nach außen in die Umwelt projiziert, in der Arbeit. Der Ort, wo sie verrichtet wird, ist der Arbeitsplatz. Beides gehört zu den Grundbedeutungen des 6. Hauses. Seit dem sogenannten »Sündenfall«, durch den der Mensch tiefer in die Materie hineingeriet, als es vom

Schöpfergott gewollt war, muß der Mensch »im Schweiße seines Angesichts sein Brot essen«. Durch die Arbeit muß er es sich verdienen. Wiederum paßt das Zeichen »Jungfrau« hierher, deren hellster Fixstern die Spira (Kornähre) ist. Es ist das Zeichen des Brotes, das wir zur Erhaltung des Leibes benötigen. Im Arbeitsprozeß ist der Mensch heute noch nicht frei. Er muß Zwang erdulden, ist in einem Sinne noch immer abhängig, ein wenig Sklave. Im sozialen Arbeitszusammenhang wächst der Mensch über seine Anlagen hinaus und erlangt durch ihn eine größere Reife, als er sie zuvor hatte. Die Arbeit erlaubt dann eine mehr oder weniger gute Ernte, sein Brot.

7. Haus. Wenn wir uns in ein Verhältnis zur Umwelt bringen nach allen Richtungen, wenn wir uns in die Welt einordnen, haben wir ein Gleichgewichtsgefühl. Der *Gleichgewichtssinn* liegt dem Erlebnis des 7. Hauses zugrunde. Wenn die Persönlichkeit (im 1. Haus gegeben) sich in die Umwelt einordnet, tritt sie zu anderen schon in Beziehung. Das Ich verlegt einen Teil seines »inneren Gewichtes« in einen anderen Menschen, der ihm wert oder lieb ist. Der natürliche Weg ist, ein Gleichgewicht zur Umwelt, zunächst über einen anderen Menschen, zu erzielen: Das erfolgt in der Ehe. Die Polarität der Geschlechter führt über diesen Weg. Der Egoismus wird zuerst in der Liebe zum geschlechtlichen Gegenpol gemildert. Seine Selbstbezogenheit muß der Mensch aufgeben, will er sich in die Welt, in andere Welten, als es seine eigenste innere ist, einordnen. Ist auch die Ehe primäres Erlebnis des 7. Hauses, so kann das Gleichgewicht oder dessen Störungen wie im Auf und Ab zweier Waagschalen auch in jeder Art von Partnerschaft erlebt werden. Die Einordnung in die Umwelt verläuft nicht immer harmonisch. Ist die Harmonie zerstört, so kann es zu Prozessen kommen, die die Astrologen im 7. Haus sehen. Auf das innere Gleichgewichtserlebnis im Verhältnis des Ich zum Du kommt es an. Dabei kann dieses »Du« der Ehepartner, ein sonstiger Teilhaber gemeinsamer Interessen, ja die ganze Öffentlichkeit des Ortes, Landes, der Welt sein. Eine Orientierung ist es, die durch den Gleichgewichtssinn ermöglicht ist, durch den sich der Mensch bewußt erhalten will. Gelingt dem höheren Ich die harmonische Ausgeglichenheit über die eigenen wogenden Seelenkräfte, so lebt es im Frieden. Seinen eigenen Zustand projiziert der Mensch in seine Umwelt, mit der er dann im Frieden oder im Krieg lebt.

Dem *8. Haus* liegt der »*Geruchssinn*« als Ich-Erlebnis zugrunde. War bisher alles auf das Innere des Menschen bezogen, so begegnen wir im 8. Haus einem Wegstrebenden. Der Geruch entflieht dem Stoff, der sich zerteilen und gasartig wegstreben muß, um durch diesen Sinn wahrgenommen zu werden. Der Geruchssinn läßt uns die Außenseite des Stofflichen empfinden. Die Empfindung der Stofflichkeit des eigenen Leibes ist nur möglich, wenn wir ihn verlassen. Das ist in der Intuition im besonderen Fall, sonst nur durch den Tod möglich.

Tod und Jenseitserlebnisse des Okkultismus sind Grundbedeutungen dieses Hauses. Es hat seinen Charakter vom *Skorpion* erhalten, von dem es aber wie alle Häuser losgelöst ist.

Der Skorpion entspricht dem Geschlecht. Mit der Spaltung des Menschen in zwei Geschlechter kam erst der Tod in die Welt der Menschen. Auf das erste Haus der Inkarnation folgt als höhere Oktave das 8. als das der Exkarnation.

Insoweit *Mars* als Herr des Widders Planet der Inkarnation (Fleischwerdung) ist, zeigt er im Skorpion die entgegengesetzte Richtung. Er wird da zum Planeten der Exkarnation, bei der die fleischlichen Überreste verwesen. Mit einem Schrei tritt der Mensch in die irdische Welt ein, mit einem Seufzer verläßt er sie. Das Wort ward Fleisch, und aus ihm wird es im Tode erlöst, frei. Der Mensch nimmt wieder »Wortcharakter« im Kosmos an.

9. Haus. Durch den *Geschmackssinn* dringt der Mensch tief in das Wesen des Stoffes ein. Er schmeckt ihn auf der Zunge, dringt, ihn auflösend, zu seinem wesenhaften innerlichen Charakter vor. Dessen Außenseite muß er zuvor verändern.

Der Grund des Erkennens der Weltenzusammenhänge bedingt die Weltanschauung des Menschen, ihr Erahnen seine Religion. Die innere Natur der Dinge ist wie ein weites, fernes, neues Land, in das des Menschen Geist erst reisen muß.

So sieht die Astrologie im 9. Haus: Weltanschauung, Philosophie, Religion, weite Reisen, Ausland.

Hinzu kommt, daß das 9. Haus seinen Charakter vom *Schützen* erhalten hat, dessen Regent *Jupiter* ist, Planet der Weltgedanken und der Weisheit. Wissender Verstand und gläubiges Gemüt des Schützen sind auf ein Ziel gerichtet.

10. Haus. Wie ein Körper sich in seiner Oberfläche farbig offenbart, hängt von seiner inneren Natur in ihrer Beziehung zum Licht ab.

Der *Gesichtssinn* (Sehsinn) ist Grundlage der Ich-Erlebnisse des 10. Hauses. Farben sind nach *Goethe* Leiden und Taten des Lichtes, und nach ihm ist das Auge vom Licht für das Licht geschaffen. Nur wo noch Licht ist, gibt es den Sinn für dieses. Von der Farbigkeit kann man also auf die innere Natur schließen, man lernt die Dinge durchschauen.

Was man durchschauen gelernt hat, wählt man normalerweise zur Grundlage seines Berufes. In ihm durchschaut man am meisten, in ihm muß man Farbe bekennen, in ihm vollbringt man seine hauptsächlichen Taten, die zu Leiden oder Freuden werden und Karma des nächsten Erdenlebens schaffen.

Das Auge ist das bedeutendste Sinnesorgan unserer Zeiten. Das 10. Haus gleicht einem Leuchtturm, von dem man die Weite überschauen kann. Die Überschau, den Gesichtspunkt des Handelns erkennt man aus ihm. Da das 10. Haus am Meridian liegt, ist es zugleich Lebenskulmination. Das heißt, daß es bedeutsam für die soziale Stellung ist, welche man erreichen kann. Vom *Steinbock*, in dem das Licht des Jahres, die Sonne als Auge des Himmels neu geboren wird, stammt der Charakter dieses Hauses. Der Steinbock entspricht den Knien und Ellenbogen. Sie gebraucht der krasse Berufsmensch zum äußeren Erfolg.

Dem *11. Haus* liegt der *Wärmesinn* zugrunde. Sein Organ ist die Haut. Wärme oder Kälte durchdringt ein »Ding« der Außenwelt. Das Wärmeerleben, das dem Menschen von außen entgegenkommt, kann dieser mit dem eigenen inneren Wärmeerlebnis gleichsetzen. Er erlebt außen eine Art zweite Ich-Natur, etwas Ähnliches, wie der alte Inder im »Tat twam asi« = »Du bist das« (nämlich die Welt) empfand. Die zweiten Ich-Naturen sind die Freunde; oder aber es sind die eigenen Wünsche und Hoffnungen, welche das Wärmeempfinden hervorrufen. Vom *Wassermann* hat das 11. Haus seinen Charakter erhalten. Es ist das Zeichen des Astralleibes, in welchem Wünsche und Begierden urständen. Noch ist etwas vom Ur-Saturn, dem Feuerzustand unseres Kosmos im Menschen: die Wärme unseres Blutes.

12. Haus. Tauchen wir ganz unter in Dinge der Außenwelt, so kommen wir zu seinem eigentlichen Wesen, zu seiner Seele. Im Ton wird die Innerlichkeit von Körpern zum Erzittern gebracht. In urferner Zeit war das Hören mit einem inneren Vibrieren verbunden, durchbebt wurde der Mensch. Der *Gehörsinn* liegt dem 12. Haus, Empfindung vermittelnd, zugrunde. Wovor der Mensch erzittert, wovor er bebt, das bezeichnet und empfindet er als etwas Feindliches. Feindschaft, Kerker, geschlossene Anstalten, widriges Geschick – das sind die Grundbedeutungen des 12. Hauses. Indem sich die eigene Seele von anderen isoliert, ist es ihr erst möglich, sich als Individualität zu empfinden. Eine Seele, die mit anderen zusammenfließt, empfindet sich nur als Gruppenhaftes, nicht als Individuelles. Eine Absonderung, Isolierung ist oft die einzige Möglichkeit, jemanden zu sich selbst kommen zu lassen. Im Ton dringt etwas Fremdes an uns heran, ein anderes Seelenhaftes, dem wir die eigene Seele entgegensetzen. Das Entgegensetzen wird oft als ein zunächst »Feindliches« empfunden. Im Ton nehmen wir das Innere einer Außenwelt wahr, die uns zunächst fremd ist.

1. Haus. Jeder Mensch ist ein Fleisch gewordenes Weltenwort, das sich in seinem ewigen Namen ausspricht. Der Evangelist *Lukas* (Kap. X/20) sagt von ihm: »Freuet euch aber, daß eure Namen in den Himmeln geschrieben sind.« Es gehört mit zu den

Folgen des tragischen Erdhaftwerdens des Menschen, daß er das Bewußtsein von diesen Zusammenhängen verloren hat.

Von Osten her schreitet die Seele zur Erdengeburt. Das Wort vom »Ewigen Osten« hängt mit der Herkunft der Menschen aus den kosmischen Regionen zusammen.

Das, was vom Menschen teilhat am Logos, inkarniert in die fleischliche Hülle. Man möge nur versuchen, das ganz real zu nehmen: Es gibt eine Region, in welcher der Mensch »Wort« ist, individueller Teil des Weltenlogos. Nur in der Inspiration kann dies letztlich voll begriffen werden.

Der Aszendent, das 1. Haus, ist der *Karfreitag der Seele*. Er bedeutet die Einstülpung des individuellen »ewigen Namens« in die leibliche Hülle, welche dann einen irdischen Namen erhält und die Geistesheimat zunächst vergißt. Der Lethetrank des Vergessens geht der Konzeption voraus.

Im ersten Haus wird der gesamte Organismus, der ganze Leib zum Sinnesorgan. Das ist beim *Wortsinn* der Fall, der *aus der Widderregion* gebildet wurde, nun aber von ihm losgelöst ist. Jedes der zwölf Zeichen kann am Osthorizont, am Aszendenten, stehen. Das 1. Haus hat immer etwas vom Widdercharakter behalten, es zeigt den Sinnesbereich des Wortsinnes. Ein Wort ist mehr als ein Ton oder einzelner Laut. Es ist ein sinnvolles Gefüge von Lauten (man könnte auch sagen von Tönen, denn beides war einmal dasselbe). Daß der Mensch Sinnvolles im Wort wahrnehmen kann, verdankt er diesem Sinn. So zeigt denn auch das 1. Haus den Sinn der Erdengeburt, den Sinn des neuen Erdenlebens der betreffenden Persönlichkeit, das eigentliche Wesen seines kosmischen Namens, mit dem er zur Erde gerufen wurde.

Der *Widder* entspricht dem Haupt des Menschen, weil die geistigen Kräfte, die dieses einst gebildet haben, aus jener Richtung des Kosmos wirkten, in der heute das Sternbild des Widders steht. Aus dem Haupt heraus wächst die Leibesgestalt im Mutterleib. Im Haupt nehmen die zwölf Gehirn-Nervenpaare ihren Ausgang, in ihm sind sie zentriert.

In der Metamorphose, die im Leben zwischen Tod und neuer Geburt vor sich geht, sind diese zwölf Nervenpaare die Umwandlung des ganzen zwölfteiligen Menschen der vorigen Inkarnation. Wie der ganze Tierkreis eine Zwölfheit darstellt, so ist der »Widder«, das Haupt, wieder für sich eine Zwölfheit, in neuer Einheit zusammengefaßt. Und: Die Zwölfheit ist Träger des Ich.

Das erste Haus zeigt also den ganzen umgewandelten Menschen der vorigen Inkarnation, den Träger des jetzigen Ichs. Das Haupt wie das 1. Haus ist ein Extrakt der karmischen Vergangenheit des vorigen Erdenlebens. In ihm ist in besonderer Weise konzentriert, was er aus seiner eigenen Inkarnation, verwandelt, mitgebracht hat, sein ureigenstes Erbe. Insbesondere sind es Willens- und Stoffwechselkräfte des vorangegangenen Erdenlebens, die dem Haupt des neuen zugrunde liegen. Das 1. Haus ist wie die Ouvertüre einer Oper, alle Motive der Gesamthandlung erklingen bereits in ihr.

Aus solchen Gründen ist dieses Haus von grundlegender Bedeutung für das ganze Leben. Willentlich nimmt der Mensch sich selbst, sein (niederes) Ich wahr. »So mußt du sein, dir kannst du nicht entfliehen« – sagt *Goethe* in bezug auf den Sonnenstand. Ebenso gilt das für das erste Haus, welches am Aszendenten beginnt.

In den anderen Häusern liegen die Sinnesbereiche nochmals einzeln da, die im 1. Haus als eine übergeordnete Einheit schon anklingen. Das Physiognomische, Mimik und Geste gehören zu dem, was der Wortsinn offenbart, mithin zum Bereich des ersten Hauses.

2. Haus. Durch das gesprochene Wort hindurch kann man das wahrnehmen, was »hinter« ihm steht: die Gedanken. Den Sinn, durch den man dies vermag, nennt *Steiner* den »*Begriffssinn*«. Da man vom Wort ausgeht, erscheint es verständlich, daß das Zeichen »Stier« in jedem Falle unsichtbar im 2. Hause anwesend ist. Aus der Richtung, in der das Sternbild *Stier* zur Erde stand, wirkten einst die Kräfte, welche die menschliche Region des Halses und das Organ des Wortes, den Kehlkopf, bildeten.

Durch das Wahrnehmen der Gedanken anderer, durch Betätigung des eigenen Begriffssinnes ist der Mensch in der Lage, sich in unterschiedlichem Grade äußere Mittel zu verschaffen, die ihm die Erhaltung des Lebens ermöglichen. Im extremen materiellen Fall ist das sein Vermögen, seine Einnahmen und sein Kapital. Kapital ist verwandelte, umgesetzte Geistestätigkeit. So kommt man zur exoterischen traditionellen Bedeutung des 2. Hauses. Die Anwendung der Fähigkeit des Begreifens, gerichtet auf das Materielle, schafft »Einkünfte«. Quantität und Qualität sind zunächst einmal karmisch bedingt, bis das neue Ich dieser Inkarnation so weit durchgreifen kann, bis es die mitgebrachte Anlage verwandelt. Liest man die Gedanken anderer, so kennt man deren Bedürfnisse. Stellt man sich auf sie ein, trachtet sie zu erfüllen, so fließt daraus »Erwerb«. Dessen spezifischer Charakter, seine Quelle kann im 2. Haus gesehen werden.

Die erworbenen Begriffe des vorigen Lebens sind die Grundlagen des neuen Begriffes. Im Verstehen öffnet sich der Mensch der Außenwelt. Nur wer sich ihr öffnet, kann ihre Gaben empfangen. Was man im Leben versteht und begreift, was man ihm abliest, abgewinnt, ergreift, ersieht man aus diesem Haus.

Das 2. Haus ist der besondere innere Begriffsorganismus unseres Lebens. Das Rationelle ist in ihm zu finden, das Wesen der Zahl ist ihm verwandt.

3. Haus. Wenn man, vom Denken ausgehend, noch »hinter« den Gedanken erkennend vordringt, nimmt man das Wesen selber wahr, den Träger von Gedanken im Wort, das Ich des anderen Menschen. Das Zeichen *Zwillinge* ist hier unsichtbar anwesend. Man selber nimmt das andere Ich wahr. Gesteht man dem anderen zu, ein Ich zu sein, wie man selber ein solches ist, so muß man sich dem anderen Ich als Mensch verwandt empfinden. Man erkennt die beiden Ich als Geschwister. Das ist nur dadurch möglich, daß der Mensch eine entsprechende Innenorganisation hat. Die Sinne, die wir als dem ersten, zweiten und dritten Haus zugrunde liegend erkannten, sind *spezifisch geistige Innenorganisation.*

Das 3. Haus zeigt den Innenorganismus für die Wahrnehmung

des anderen Ich (nicht des eigenen). Die zunächst unterbewußt erfolgende Erkundung des anderen, bei der die Seele in Sympathie und Antipathie vibriert, wird schnell dem Nervensystem zugeleitet. Damit wird die Wahrnehmung des anderen Ich zu einer Art Erkenntnisprozeß.

Sympathie schläfert ein, Antipathie läßt uns am anderen Menschen erwachen. Das Erwachen zum Intellekt verdanken wir den Kräften der Antipathie, welche sich als auch brüderliche erweisen.

4. Haus. Die Haut schließt den Menschen von der Außenwelt ab. Sie ist seine physische Peripherie, sein Haus, in dem die inneren Leibesprozesse sich vollziehen.

Die Haut ist das sich über den Gesamtleib hinziehende Tastorgan. In Wahrheit handelt es sich um eine differenzierte Vielzahl von Tastorganen, die man in einer höheren Einheit im Begriff des *Tastsinnes* zusammenfaßt.

Berührt das in der Haut begrenzte Menschenleibesinnere die Außenwelt, so stößt damit die eigene Wesenheit, das Ich, an jene an. Durch dieses Erlebnis hat es erste Kunde von einer Welt außerhalb seiner eigenen Haut. Erfolgt die Berührung mit der Welt, so zieht sich die eigene Wesenheit nach innen zurück, als habe sie einen Gegenstoß erhalten. Mit dem Inhalt des Zurückstrahlens nach innen ist nun eine Eigenart der Außenwelt verbunden. Sie gibt dem Inneren ein bestimmtes Gepräge.

Möglich war die Entwicklung des Tastsinnes erst mit der mineralischen Epoche der Erdenentwicklung. Die alte Astrologie spricht eine große Weisheit aus, wenn sie das Zeichen *Krebs* den Aszendenten der Erdenwelt nennt. Hier mineralische Entwicklung des Planeten Erde und des physischen Menschenlebens – dort Eingeschlossenwerden des eigentlichen Wesens des Menschen in das Sinnessein.

Mir scheint, daß der Vorgang der Gastrulation während der Embryonalentwicklung gerade auch diese Bedeutung des Einschließens in das Sinnessein hat.

Das alte Symbol des Krebses zeigt zwei Spiralen:

Die eine hat ein-, die andere auswickelnden Charakter. Man kann auch sagen, die eine sei einengend, die andere umfassend. Die angeführte doppelte Bewegung ist in den polaren Spiralen dieses Zeichens recht deutlich ablesbar. Dr. *Steiner* bringt in seiner umfassenden Sinneslehre zum Ausdruck, daß die Tastorgane im Zurückstrahlen der Empfindung gestaltend für das Innere der menschlichen Leibesform sind. Sie hat eine Gestalt, durch die sie von der Außenwelt abgeschlossen ist. Im physischen Erdenleben begründet die Gestalt das Einzelsein des Menschen.

Stellen wir die Krebsspirale aufrecht, so mögen wir in ihr die Gestalt des Embryos erkennen:

Der Embryo wächst aus dem Leibesinneren der Mutter. Das, was an Anlagen in der Generationsfolge im Blut herunterwallt von den Ahnen, gibt dem Embryo ein bestimmtes Gepräge gemäß dem eigenen Karma. Das Ich bleibt im Schicksal in sich selbst. In der Vererbung ergreift es ganz entsprechend seinem eigensten Karma organische Anlagen und an das Leibliche gebundene niederseelische Eigenschaften, um dem Karma die leibliche Grundlage für das Schicksalerleben zu geben.

Da das Gestalten des physischen Menschenleibes aus den höheren Geistwelten in der Richtung von oben nach unten erfolgt, kann der physische Menschenkeim als das »Unten« empfunden werden, als der »feste Grund« des Erdenlebens. Das 4. Haus (Himmelstiefe!) ist das unterste von allen zwölfen.

Mit dem Angeführten hängt die überlieferte Bedeutung des 4. Hauses zusammen: die Familie (Generationsfolge in zeitlich rückwärtiger Richtung: Eltern, Ahnen), Heim und Haus, fester Grund und Boden.

Bisher haben wir die zwölf Häuser als Sinneshäuser, Sinnesfelder, Sinnesbereiche, wie sie mit der Oberfläche, der Peripherie des physischen Leibes zusammenhängen, betrachtet. Die Außenwelt, der Kosmos ist es, der sich in einer Summe von Tätigkeiten über die zwölf Sinnestore in den Menschen hinein fortsetzt. Sie übt Reize auf den Menschen aus, die als Sinnesreize empfunden werden; die Empfindung ist willensmäßiger Natur. Genauer gesagt trifft das auf die Sinnesgrundlage selber zu. Indem wir die Reize empfinden, sind wir schon im Bereich des Fühlens. Es handelt sich hier somit um ein wollendes Fühlen und fühlendes Wollen. In der Empfindung löst sich das Fühlen vom Wollen. Zur Erkenntnis kommt es erst später. Empfinden heißt noch nicht erkennen.

In den Tierkreisbildern ward einst der Thron der noch »über« den Sternregionen wesenden Gottheiten geschaut. Thron ist Herrschersitz, von dem Wille ausgeht. Die »Throne« sind »Geister des Willens«, Wille des Vatergottes ist in ihnen. Er ist der göttliche Weltengrund, aus dem Mensch und alle Kreatur geboren sind. Der gesamte Kosmos hat seine Substanz aus dem göttlichen Feuerwillen.

Die Gebiete der Sinneswahrnehmungen sind streng voneinander getrennt. Hören, Sehen, Schmecken, Riechen haben ihre bestimmten Organe. In gleicher Weise setzt sich ein Tierkreiszeichen vom benachbarten ab. Würden sie nicht streng geschieden sein, so ergäbe sich ein kontinuierlicher Strom. Eines würde allmählich in das andere übergehen.

Der Astrologie war das bekannt. Sie sagte: auf ein »männliches« oder »positives« Zeichen folge ein »weibliches« oder »negatives«. Darin ist der gegensätzliche Charakter benachbarter Zeichen ausgedrückt. Ich will es dahingestellt sein lassen, ob diese Terminologie glücklich ist. Im Kosmos ist nichts männlich und weiblich. Bedenkt man jedoch, daß »männlich« das genannt wurde, was nach außen drängte, weiblich dagegen, was innerlich war, so erleichtert uns dies das Verständnis für diese antiquierte Ausdrucksweise. Worauf es ankommt, ist zu erkennen, daß nebeneinanderliegende Zeichen verschiedene Richtungskräfte haben. Die Kräfte setzen sich in dieser Art voneinander ab. Nur dadurch ist der Tierkreis konturiert. Gegensätzliche Kräfte konstituieren den kräfteerfüllten Raum. In diesem Sinne ist der Satz des »dunklen« *Heraklit* zu verstehen, wonach der Streit der Vater aller Dinge sei. Oppositionelle, sich voneinander absetzende Kräfte allein vermögen den Raum zu konstruieren. Auch im Kulturleben finden wir keine gradlinige Fortsetzung, sondern das Absetzen der einen von der anderen. Sogar deren geographische Zentren zeigen das.

In gleicher Weise setzen sich die einzelnen Häuser voneinander ab, sie haben ihre Grenzen gegeneinander.

Die Summe der Sinneserlebnisse, wie sie die zwölf Häuser künden, kann man *Ich-Erlebnisse* nennen. Sie kann man aus dem Horoskop im großen ablesen.

Die Sinneserlebnisse legen sich wie ein Umkreis um das Ich, welches in diesem Sinne durch den Mittelpunkt des Horoskopschemas nur angedeutet ist. Das Selbst ist etwas, was nicht voll vom Horoskop erfaßt werden kann, weil es teilhat an den schöpferisch-geistigen Welten. Nur seine Hüllen sind sterngebunden, soweit sie leiblich und seelisch sind.

Nun ist durch die bloße Sinneswahrnehmung noch keine restlose Erklärung der Häuser gegeben. Es wirken noch Lebensvorgänge und solche seelischer Art hinein. Der lebendige Mensch ist ja kein Automat. Wir können trotzdem nur so vorgehen wie geschehen: zuerst das suchen, was zur Sinnesempfindung gehört, und dann dasjenige, was Lebensprozessen, und das, was seelisch-astrologischen Impulsen zuzuschreiben ist.

Der Unterschied zwischen Sinnesbereichen und Lebensprozessen ist u. a. folgender: Die Sinnesbereiche sind streng voneinander geschieden, wie schon bemerkt wurde, wogegen die Lebensprozesse übereinanderlaufen. Atmung, Ernährung, Wachstum etc. sind solche Vorgänge. Wo finden wir das im Kosmos?

Ist der Mensch in voller Wahrheit ein Mikrokosmos, so müssen wir dahin gelangen können, aus ihm den Makrokosmos hervorgehen zu lassen. Des weiteren müssen wir aus der menschlichen Konstruktion auf die bewirkenden Weltenkräfte schließen können. Ein Übereinanderlaufen findet im Sonnenkosmos durch die Planeten in ihren Umläufen statt!

Die Wandelsterne haben also mehrfache Wirkungen. Ihre Bewegungen entsprechen Seelenbewegungen und Neigungen im Menscheninneren.

Sie wirken aber auch auf die Lebensprozesse in Kosmos und Mensch. In den Lebensorganen (Milz, Leber, Galle, Herz, Lunge, Nieren, Geschlecht, Gehirn) haben wir diese Wirkungen. Die Organe entstehen durch Kräftewirkungen, durch Lebensprozesse, die vor ihnen da sind. In der Natur draußen ist der geographische Strom. In ihn hinein baut der Mensch Schleusen und Staubecken.

Die Organe des Menschen sind sein inneres Planetensystem. Die Lebensprozesse sind verinnerlichte Vorgänge der Planetenbewegungen innerhalb ihrer substantiellen Sphären.

Alles im Kosmos steht mit allem im Menschen in Beziehung. Die Planeten bewirken im Mikrokosmos nicht nur Lebensprozesse und deren Organe, sondern stehen auch in Verbindung mit den differenzierten Seelenregionen im Menschen. Sie tragen dasjenige in Seelengründe, was zu seelischen Bewegungen, zu Neigungen führt. Freilich tun sie das nicht während des Lebens zwischen Geburt und Tod, sondern bereits im Vorgeburtlichen.

Die Verleugnung vorgeburtlicher Existenz ist nicht etwa eine Erfindung christlicher Religion. Vielmehr geht sie auf *Aristoteles* zurück, während *Plato* noch von der Präexistenz überzeugt ist, wie später auch der Kirchenvater *Origenes*.

Im nachtodlichen Dasein durchschreitet die Menschenseele die kosmischen Planetensphären. Was unvollkommen war, legt sie in jeder verwandten Sphäre ab, um es in späterem Abstieg zur Erde wieder zu ergreifen, mit dem Ziel, es im neuen Erdenleben zu wandeln. Im Abstieg wird der menschliche Leib vorbereitet und in ihn mit Hilfe höherer Wesen dasjenige an Neigungen und

Anlagen hineingelegt, was für seine Entwicklungsstufe das beste ist, um ihn in seiner Evolution so zu fördern, wie das für die Menschheit gut erscheint. Nicht Willkür, sondern Gesetzmäßigkeit herrscht hier in diesen moralischen Welten, welche dem bloßen Sinnesauge unsichtbar bleiben. So wird der astralische Leib (Empfindungsleib) des sich zur Geburt anschickenden Menschen schon vor der Konzeption (Zeugung) gebildet. Das höhere Ich des Menschen als Geistwesen ist dabei und bejaht das neu zu erlebende Erdenschicksal. Das vergessen wir später. Der Lebensleib wird etwa gleichzeitig mit der Zeugung aus kosmischen Weiten zusammengezogen. Indem diese Leibeshüllen vorgeburtlich aus kosmischen Sphären gebildet werden und erst danach sich mit dem physischen Keim im ausgesuchten Mutterleib verbinden, tragen sie auch die Gesetze und Rhythmen der Sternenwelten in sich. Der äußere Stand der Sterne ist im Leben zwischen Geburt und Tod nur eine Parallelität, eine Uhr, an der man den Eigenrhythmus ablesen kann, sofern man den Beginn minutengenau kennt. Schicksal ist in unsere Muskeln, in unser Temperament, in unsere Neigungen hineingelegt. Ihm gegenüber leben wir wie in Trance. Nur ist es eben unser eigenes Schicksal und nichts Fremdes. Wir haben es selbst im vorigen Leben veranlagt. Was wir gedacht, gefühlt, gewollt haben, wie unsere Handlungen waren – jenes Moralische formt unser neues Lebensschicksal. Alles kommt zu uns in anderer Form zurück. Was wir nach außen vollführten, kehrt sich nach innen. Niemand hat das Recht, seinem Schicksal zu grollen, niemand kann sich dem gerechtesten aller Urteile, das im Geist-Kosmos über uns gesprochen wird, entziehen. Keine kluge »Berechnung« vermag das.

Im Erdenleben durchdringt uns unser Zeiten-, Lebens- oder Bildekräfteleib (drei Ausdrücke für ein und dasselbe!) ebenso wie unser Empfindungsleib, der auch Astralleib genannt wird, weil er in den Sphären der Planeten seine Urteile hat.

Nachdem nun der Empfindungsleib den lebendigen und physischen durchdringt, muß er auch in den zwölf Häusern zu finden sein. Seine Wurzeln sind es in der Tat. Sie entdecken wir in der dreifachen Natur der Häuser. Die traditionelle Astrologie unterscheidet (Figur 5):

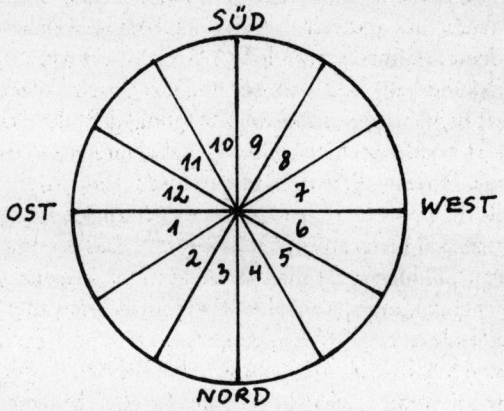

Fig. 5

Eckhäuser,	nämlich das erste jedes Quadranten, mithin das 1., 4., 7., 10. Haus;
nachfolgende,	nämlich das 2. jedes Quadranten, mithin das 2., 5., 8., 11. Haus;
fallende,	nämlich das 3. jedes Quadranten, mithin das 3., 6., 9. und 12. Haus.

Diese Bezeichnungen besagen nicht viel, sie sind schematisch und entsprechen den Einteilungen der Tierkreiszeichen in kardinale, fixe (feste) und bewegliche.

Der Astralleib ist ein in der Wirklichkeit wurzelnder Bilderleib, wie *Steiner* sich ausdrückt. Ist ein Sinneserlebnis vorüber, so bleibt ein Bild, welches losgelöst vom einstigen Erleben ist. Es ist dessen *Inhalt.* Erlebnisse der vorigen Inkarnation werden zum Seelenwesensinhalt jetzigen Lebens. Er ist uns zunächst unbewußt, äußert sich aber aus unseren dunklen *Willenstiefen* heraus.

Diese Wurzel des astralen Kräftegebildes ist in den Eckhäusern gegeben. Wirksam wird sie durch Begehrungskräfte, in denen sie fortlebt. Sie sind die zweite Wurzel. Man findet sie in den »nachfolgenden« Häusern, die dem *Fühlen* verwandt sind. Begehrungen leben in *Bewegungsimpulsen* weiter. Sie sind die dritte Wurzel des astralen Kräftegebildes – und zu finden in den »fallenden« Häusern.

So schwingen in jedem Quadranten
in den Eckhäusern: *Willensimpulse* (Träger: Gliedmaßen),
in den »nachfolgenden«: *Gefühle* (Träger: Säfteströmung),
in den »fallenden«: *Vorstellungen, Gedanken,* wie sie sich aus innerer Beweglichkeit, aus Bewegungsimpulsen endlich ergeben (Träger: Nervensinnessystem).

Wollen – Fühlen – Denken als die drei Funktionen der Seele sind nacheinander in den Häusern anwesend.

Die den Eckhäusern entsprechenden »Kardinalzeichen« sind *Widder, Krebs, Waage, Steinbock* als die Zeichen der Sonnenwenden sowie der Tag- und Nachtgleichen. Wenden, Willenswenden der Sonne sind mit ihnen im Jahreslauf verbunden. Sie kennzeichnen die Monate *April, Juli, Oktober, Januar.*

Die »nachfolgenden« Häuser entsprechen den »fixen« (festen) Zeichen: *Stier, Löwe, Skorpion, Wassermann* bzw. dem Charakter der Monate *Mai, August, November, Februar.* In seinen Grundgefühlen ist der Mensch besonders zäh, fest, unbeweglich.

Die »fallenden« Häuser entsprechen den »beweglichen« Zeichen: *Zwillinge, Jungfrau, Schütze, Fische* bzw. den Monaten *Juni, September, Dezember, März.* (Genau stimmen die Monate nicht mit den Zeichen überein; gegen den 22. jeden Monats etwa liegt der Sonnenübergang in das folgende Zeichen.) Hier wirken die Bewegungsimpulse, die zu schnell wechselnden Vorstellungen, zur Ausbildung des Denkens führen. Der geschickte Astrologe wird aus der Anordnung der Planeten auf Häuser und Zeichen bereits Wesentliches über das Verhältnis von Wollen, Fühlen, Denken aussagen können.

Lebensvorgänge setzen sich in Instinkte um. Man muß sie als zur Form des physischen Leibes gehörend betrachten, wenngleich ihr Erleben im Astralleib stattfindet. Instinkt ist Wille im physischen Leib. Im Lebensleib wird er verinnerlicht zum Trieb.

Im Empfindungsleib wird Trieb schon zur Begierde. Sie ist nicht so konstant wie der Trieb, sondern entsteht und vergeht schneller, ist schon vom Seelischen abhängig.

Instinkt finden wir spezifisch im Eckhaus,
Trieb finden wir spezifisch im nachfolgenden Haus,
Begierde finden wir spezifisch im fallenden Haus.

Instinkt dient der Erhaltung der Form, Trieb verlangt Sättigung des Fühlens, Begierde führt zu Erfahrung und Erkenntnis. Begierdenleid ist Astralleib. Daß dessen eine Wurzel das Begehren ist und in nachfolgenden Häusern urständet, macht die Sache etwas kompliziert.

Der Unterschied ist: Wurzel des Astralleibes ist das, woraus dieser erst hervorgeht. Die Begierde der fallenden Häuser zeigt eine solche, bei der ein Begierdenleib bereits besteht!

In diesen drei Formen des Willens besteht keine Freiheit für den Menschen unserer Zeit. Erst da beginnt sie, wo der Mensch die Motive seiner Handlungen vorher einsehen gelernt hat, den folgenden kausalen Ablauf überblickt und danach seine Taten bewußt einrichtet. Der Geist des Menschen nimmt den Kampf mit dem nicht Hellen, nicht Bewußten auf. Nur dadurch erkämpft er sich nach und nach Zonen der Freiheit in seiner eigenen Seele. Der Mensch ist so veranlagt, daß er frei werden kann.

Bisher haben wir vom physischen Leib her den Zusammenhang der Häuser mit den zwölf Sinnen gefunden. Es ergeben sich zwölf Sinnesbereiche, zwölf Erlebnisbereiche des Ich. In ihnen wird zugleich Schicksal erlebt.

Dazu wurde auf die drei Wurzeln des astralischen Leibes hingewiesen und auf die drei Funktionen der Seele (Denken, Fühlen, Wollen), wie sie sich im besonderen auf das Nervensystem, das Blut- und Säftesystem und auf das Gliedmaßen-Stoffwechselsystem stützen.

Instinkt, Trieb und Begierde fanden wir mit den unteren drei Leibeshüllen des Geistwesens Mensch verbunden: physischer Leib, Lebens- und Empfindungsleib.

Nur so weit läßt die Naturwissenschaft den Menschen gelten. Sie anerkennt nur die niederen Hüllen (Leiber), nur das, was von unten aufwärts strömt, von der Erde her: vom Mineral über Pflanze und Tier zu einem Erdenmenschen, der vom Tier herkommen soll. Den oberen, himmlischen Teil des Menschen, der vom Kosmos zur Erde unsichtbar herniedersteigt, kennt sie nicht mehr. Erst deren Verbindung ist der ganze, volle und wahre Mensch. Er ist es, der Himmel und Erde verbindet, der wahre Anthropos, das ist wörtlich: der zu den Höhen Blickende. Er verbindet Himmel und Erde.

Inwieweit nun die bereits erwähnten Lebensprozesse in den zwölf Häusern zu finden sind und weiteren Aufschluß über die Herkunft der traditionellen Häuserdefinitionen geben, soll noch gezeigt werden.

Es ergeben sich analog den sieben Planeten ebenso viele Lebensprozesse. Nur die sieben alten Planeten, zu denen Sonne und Mond gehören, zählen in diesem Zusammenhang. Warum, das werden wir später einsehen.

Drei Prozesse zeigen eine Aufnahme aus der äußeren Welt durch die Lebensorgane: die Prozesse der Atmung, Wärmung und Ernährung (1). Ihnen stehen Hervorbringungsprozesse (2) gegenüber, bei denen der Stoff verinnerlicht ist: die Hervorbringung seiner eigenen Gebilde aus dem belebten physischen Leib. Beim höheren Tier und beim Menschen führt dieser Prozeß zur Generation. Im Wachstumsprozeß wird aus dem inneren Stoffstrom ein Neues angesetzt. Im Erhaltungsprozeß wirkt Bestehendes auf Bestehendes. Wir sehen so zwei Stoffströme in den Lebensprozessen: einen äußeren nach innen wirkenden und einen verinnerlichten. Beide wirken entgegengesetzt. In ihrer Mitte steht der Absonderungsprozeß (3), eine Ausscheidung nach innen und außen. Das wäre in dieser Art zu zeichnen:

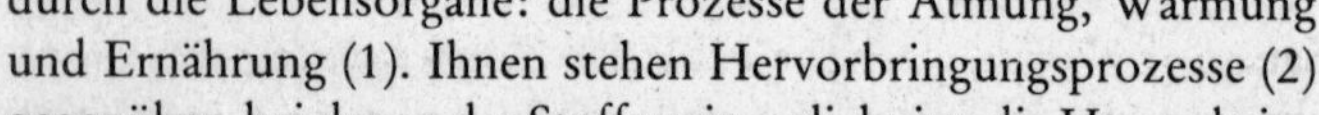

♄	♃	♂	♀	☿	☽
Atmung	Wärme	Ernährung	Absond.	Erhaltung	Wachstum	Hervorbr.

⊙

Fig. 6

Damit kommen wir wieder auf den gewaltigen Unterschied, der zwischen den ober- und untersonnigen Planeten besteht, wie er bei *Ptolemaios* ohne weiteres bildhaft vor Augen tritt.

Man kommt auf Planetenpolaritäten. Ein behelfsmäßiges Schema gilt für alle Fälle:

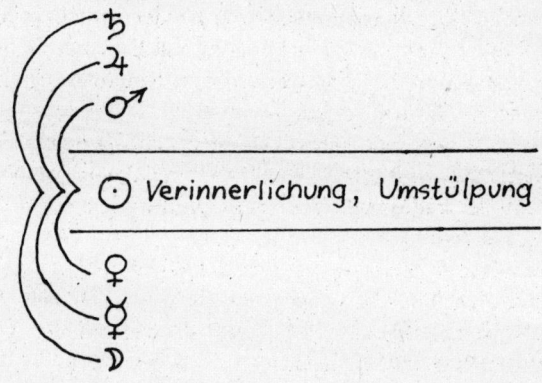

Fig. 7

Saturn und Mond, Jupiter und Merkur, Mars und Venus entsprechen sich und bilden Polaritäten. Die Sonne ist der jeweilige Faktor, der Äußeres verinnerlicht, Kosmisches vermenschlicht.

Mit der Atmung ist nicht nur das Zuführen von sauerstoffhaltiger Luft gemeint, sondern auch das Hereinnehmen göttlich-geistiger Impulse im Licht der Luft. Die Wärmung wird durch die innere Natur des Lichtes erregt. Durch besondere Umstände der menschlichen Entwicklung, wie sie *Rudolf Steiner* erklärt, sind mit diesen Prozessen verbunden:

mit der Atmung: das Verbrauchen der Lebenskräfte, das Altwerden,

mit der Wärmung: der Verbrennungsprozeß im Organismus,

mit der Ernährung: Ablagerungen, Fettbildung,

mit der Erhaltung (zunächst als Wohlgefühl empfunden): Verhärtung, Sklerose, Starbildung, Abkapselung.

Die Beziehung der Planeten zum Menschen stellt eine alte

astrologische Regel her, die besagt, daß die untersonnigen Planeten dem entsprechen, was sich im Menschen unter dem Herzen
(der verinnerlichten Sonne!) befindet, die obersonnigen zu dem
Bezug haben, was über dem Herzen liegt.

Figur 7 veranschaulicht diese Regel. Der Unterschied von
dem, was mehr zum Erkenntnis-, und dem, was mehr zum Le-
bensbereich gehört, verbunden durch die vermittelnde Sonne,
kommt in der erwähnten Polarität der Planeten zum Ausdruck:

mit dem Wachstum: Reifung (auch Geschlechtsreife),
mit der Hervorbringung (Reproduktion): äußerer physischer
Fortpflanzungsprozeß; Generation.

In der Sonne ist das Gleichgewicht zwischen den zwei Stoff-
strömen.

Sieben Impulse sind es, die unser inneres Planetensystem aus-
machen.

Entsprechend der Verwandtschaft einzelner Planeten mit bestimmten Tierkreiszeichen spricht man von »Regenten« der Zeichen. Der Regent kommt in »seinem« Zeichen besonders stark in
seiner Eigenart zur Wirkung, wie z. B. die Sonne im Löwen.

Vom Astralischen gehen die sieben Impulse aus und bauen damit ihre höhere Einheit im menschlichen lebendigen Körper auf.

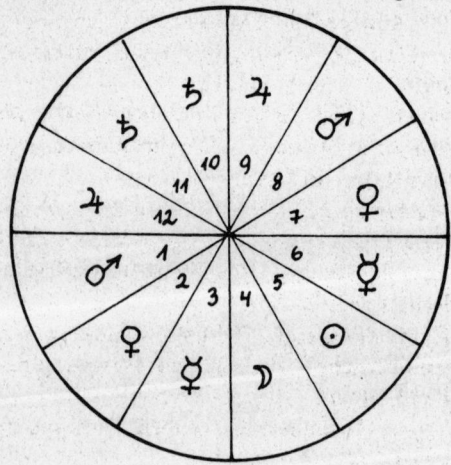

Fig. 8

Sie ordnen sich wie folgt auf die Häuser an, deren Charakter sie mitbestimmen, ohne daß sie etwa bei der Geburt an gleicher Stelle stehen müßten. Wieder handelt es sich um losgelöste Beziehungen, um Inhalte, die in den Häusern haften, wie das Bild noch da ist, wenn ein Sinneserlebnis schon vorüber ist (Fig. 8).

In diesen Zusammenhängen ergibt sich zu den bereits gefundenen Bedeutungen hinzu:

1. Haus: Der Ernährungsstrom schiebt Materie in die unsichtbare physische Form, wodurch diese sinnlich sichtbar wird. Inkarnation, Fleischwerdung.

8. Haus: In ihm erscheint wieder der Mars, jetzt aber als Gegenprozeß der Exkarnation. Die Seele entzieht sich dem Fleische; vergeistigte Marswirkung vernichtet das Leben, Geistig-Seelisches freimachend.

2. Haus: Erhaltungsprozeß, dessen Verhärtung und Sklerose das gehamsterte, das gehäufte Kapital ist. Der Begriff der Lebensprozesse weitet sich in der Häuserbedeutung ins Moralische und Soziale. Lebensprozesse werden ins Schicksal projiziert. *Venus als Morgenstern.*

7. Haus: Gegenprozeß zu 2 wird zur Hingabe. Es ist das die vergeistigte Wirkung der Venus. *Venus als Abendstern.*

3. Haus: Innere Reife, die zur Erkenntnis führt. *Merkur als Morgenstern*, mit der Weisheitssubstanz der Sonne verbunden. Richtung aufwärts.

6. Haus: *Merkur als Abendstern;* Richtung abwärts, ins eigene Innere. Überreife der Organprozesse führt zu Gärung und Fäulnis (Krankheiten), gestörte krankhafte Reifeprozesse.

4. Haus: Generationsfolge, Abkunft, Herkunft von Ahnen, Familienschoß. Richtung zur Vergangenheit. Vererbung. *Mond.*

5. Haus: Sonne, Absonderung; Kinder, Richtung in die Zukunft.

Sonne und Mond kommen nur einmal vor, sie verhalten sich insofern polar, als die Generation in die Vergangenheit weist (Mond) und erst Kinder (Sonne) in die Zukunft führen. Dazwischen steht die eigene Persönlichkeit, die die Generation fortführen kann oder nicht.

9. Haus: *Jupiter.* Wofür man sich innerlich erwärmt und die Seele erkennend weitet (Weltanschauung, Religion, Reisen in die »Ferne«).

12. Haus: *Jupiter* in der Gegenwirkung: inneres moralisches Verbrennen in der Reue; Katharsis und neue Vorsätze.

10. Haus: *Saturn.* Ausatmung seiner eigenen Wesensart in den Taten, »Ausatmen« seiner geistigen Impulse im Beruf. Motive.

11. Haus: *Saturn.* Einatmung neuer Impulse, die Hoffnungen und Wünsche beleben, Entschlüsse fassen lassen.

Insoweit fünf Planeten je zweimal anwesend sind, ist es doch jedesmal auch ein zweifach und gegensätzlich Gerichtetes, was sich in ihren Prozessen offenbart.

Polarität. Eine echte Polarität bilden die jeweils sich gegenüberliegenden Häuser:

1. Haus: Ichbezogenheit, Egoismus	O–O	*7. Haus:* Hingabe an andere
2. Haus: Lebenskraft	O–O	*8. Haus:* Lebensverlöschung
3. Haus: Menschenwissen	O–O	*9. Haus:* Gottesweisheit
4. Haus: Vererbung, Vergangenheit, die mich bildete	O–O	*10. Haus:* Freiwerden im Beruf, Zukunft, die ich durch mich schaffe
5. Haus: Bindung durch das Blut	O–O	*11. Haus:* Freunde aus dem Geist

6. *Haus:* innere Feinde	○—○	12. *Haus:* äußere Feinde;
(Krankheiten);		Isolierung
Eingliederung in		
den sozialen		
Arbeitsprozeß		

Die Polaritäten zeigen sich auch in den Hemisphären. Was an Planeten unter dem Horizont steht, weist auf Kräfte, die an die innere Organisation, *an Vererbung und Blut gebunden* sind. Sie verraten ein reiches, aber vergangenheitbeschwertes, abhängiges Leben voll innerer Hemmungen. Planeten über dem Horizont verraten dagegen ein *Sich-in-die-soziale-Umwelt-projizieren-Können.* Solche Menschen bleiben nicht ohne Echo im Leben, wie es bei der erstgenannten Kategorie der Fall ist. Höhe und Tiefe stehen sich gegenüber.

Der Meridian trennt das Horoskop in östliche und westliche Hälfte. Auch sie tragen Polarität in sich. Viele Planeten im Osten wirken befeuernd, anspornend, verjüngend, impulsierend, frisch. Der Westen dagegen zeigt die formenden Kräfte, das Reife und Alternde.

Wer gut beobachtet, wird die Polaritäten zwischen 1. und 3. wie 2. und 4. Quadranten selber finden!

Je mehr Planeten in einem Haus stehen, desto schicksalhafter ist der betreffende Erlebnisbereich.

Es mag zu diesem Kapitel abschließend darauf hingewiesen werden, wie kompliziert es ist, alle Komponenten zu analysieren, die die Bedeutung eines Hauses erst ergeben. Dann wieder ist es erst recht schwer, wieder zu einer Synthese zu kommen. Verständlich, allzu verständlich wird es, daß es nicht allzuviel wirklich gute Astrologen gibt. Welch harter Weg voll Arbeit und Entbehrung ist zurückzulegen, bis es dem Liebhaber der Sterne vergönnt ist, die himmlische Sophia von Angesicht zu Angesicht zu schauen, den Schleier der Maya von unseren Augen lösend!

Wer könnte erwarten, daß das Leben einfach sei. Die Wahrheit ist kompliziert. Sie gibt sich nur dem ausharrenden echten Liebhaber. *Augustinus* sagte: Wissenschaft ohne Liebe taugt nichts!

Egozentrisches System der Astrologie

Ein Arzt, der seinen Patienten untersucht, ist in derselben Lage wie ein Astrologe, der aufgrund des Horoskopes eine Diagnose anstrebt. Der Mensch steht dabei im Mittelpunkt.

Während heute die Tiefenpsychologie versucht, früher Erlebtes aus den Regionen des Unterbewußten heraufzuholen – wozu selbst das fragwürdige Mittel der Hypnose herhalten muß –, kann der Astrologe dagegen wesentlich tiefer sehen. Die Erinnerungen reichen im allgemeinen nur bis zum 3. Lebensjahr zurück, nämlich bis zu jenem Moment, wo das Kind von sich als »Ich« zu sprechen beginnt. Die Tiefenpsychologie kann nicht weiter zurück. Eine unüberwindbare Schwelle ist für sie gegeben. Anders gesagt, sie kann nur das heraufholen, was in die Seelengründe einer Individualität im gegenwärtigen Leben zwischen Geburt und Tod vom Moment des Aufblitzens des Ich (etwa im 3. Lebensjahr) an Erlebnissen hinabgesunken ist. Das Ich unterhalb der Schwelle des Tagesbewußtseins »weiß«, was es erlebt hat. Aus dem Schlaf- und Traumzustand kann man es heraufholen. Die Astrologie aber hat in den Gestirnkonstellationen die Elemente des Charakters und des Schicksals vor sich, wie es sich als ein Ergebnis vorangegangener Erdenleben gebildet hat! Sie hat in der Sternenschrift die kosmische Erinnerung dazu! Sie sieht das »Gesetz«, nach dem wir angetreten und unseres Daseins Kreise vollenden müssen, um im Sinne *Goethes* zu sprechen:

> »So mußt du sein!
> Dir selber kannst du nicht entflieh'n.«

Sich selbst kann man nicht entfliehen – das sagt uns sehr viel: Kein von außen kommendes Schicksal unbekannter Mächte zwingt uns, sondern sein Schicksal ist jeder selbst. Charakter ist zugleich Schicksal! Wie der Charakter unsere in uns »eingegrabene« Wesensart ist, so ist auch unser Schicksal in unsere Leibesorganisation, in Organe und Muskeln »einverwebt«. Es ist völlig sinnlos, Erklärungen für die Wirkungen von Gestirnen auf das menschliche Schicksal zu suchen, wenn man nicht die Fundamente jener höheren Erkenntnis anerkennen will: das Gesetz der wiederholten Erdenleben (Reinkarnation) und des Kausalzusammenhanges im Schicksalsablauf (Karma).

Gewiß ist es zunächst nicht einfach, derartige Behauptungen hinzunehmen. Man muß diesen Satz jedoch einschränken und wissen, daß er nur für die abendländische Welt gilt. Im Osten ist diese Wahrheit nie vergessen worden, Hunderte von Millionen Menschen glauben nicht nur daran, sondern viele von ihnen haben szenenartige Rückerinnerungen. Diesen ist man des öfteren nachgegangen und fand z. B. Angaben von Kindern über Erlebnisse der letzten Inkarnation, die Umstände ihres Todes usw. durchaus bestätigt. In den Zeitungen des Ostens wird über solche Fälle berichtet. Dem Publikum des Westens werden sie von ihrer Presse vorenthalten. Sie wagt es nicht.

Nun hat es gerade im Osten das nicht gegeben, wodurch sich der Westen von ihm unterscheidet. Der Westen hat die Ausbildung der selbständigen Persönlichkeit gebracht, indem der Mensch fest und sicher auf die Erde gestellt und für seine Erdenaufgaben tüchtig gemacht wurde. Damit verbunden war die Entwicklung des Intellekts. Mit der Ausbildung des schattenhaften Gedankens zog der westliche Mensch eine Art Mauer um sich, die ihn vom Kosmos und dem einstigen Göttergeschenk der alten Weisheit abschnürte. Er wurde in seiner Seele völlig auf sich selbst gestellt, er – der Abendländer – sieht sich allein einem großen Nichts gegenüber. Der Europäer ist der verlorene Sohn der Gottheit. Zur Ausbildung der Eigenpersönlichkeit gehörte auch das Bewußtsein: Du lebst nur einmal. Er empfand so, als müsse er eben in diesem einen Leben »alles« schaffen, was ihm als Ziel vorschwebt. Das führte schließlich dazu, daß er »keine Zeit« hat. Im Osten dagegen hat man immer Zeit! Der Abendländer hat das Bewußtsein, daß es gerade auf ihn ankomme. Tüchtige oder eingebildet Tüchtige halten sich für unersetzlich; sie müssen dieses und jenes vermeintlich »selbst« erledigen, da nur sie es vollbringen können. Trotzdem bleibt es natürlich völlig unbestritten, daß von Zeit zu Zeit Genies, Persönlichkeiten in diese Welt hineingeboren werden, deren Abscheiden, sofern sie nicht Ewigkeitswerte geschaffen haben, wie etwa Goethe u. a., eine kaum zu ersetzende Lücke bedeutet. Aber diese sind Leuchtfeuer in dem üblichen Ablauf.

Zu der oben geschilderten Entwicklung gehört auch der große Lethetrank des Vergessens spiritueller Wahrheit. Heute aber, wo sich das »Keine-Zeit-Haben« zur Krankheit von Leib und Seele auswächst, kann deren Wiederaufnahme geradezu das Heilmittel sein. Es liegt in der Zeit, daß bereits die Jugend viel offener für diese Perspektiven ist, ja, daß sie sie z. T. als selbstverständlich annimmt.

Die Idee als solche ist im Westen schon seit Jahrhunderten im Aufglimmen. Kein Geringerer als *Lessing* (1729–1781) bekennt sich zu ihr. In »Die Erziehung des Menschengeschlechts« fragt er, ob diese Hypothese deshalb so lächerlich sei, weil sie die älteste sei. – Der Europäer wendet gewöhnlich ein, daß er sich nicht an frühere Erdenleben erinnern könne. Aber – hat er es überhaupt ernsthaft versucht? *Lessing* sagt dazu a. a. O.: »Und was ich auch jetzt vergessen muß, habe ich denn das auf ewig vergessen?«

Es würde viel zu weit führen, sich mit diesem Thema hier eingehend zu befassen. Man versuche es einmal, mit solchen Ideen zu leben. Man wird finden, wie die Welt weiter, offener und durchsichtiger wird, und damit wird es auch das eigene Schicksal. Mehr als das Predigen von Moral, das doch nie Moral begründet (nach *Schopenhauer),* ist es zu wissen, daß jede Tat, jeder Gedanke, jedes Gefühl fortwirkt – daß es wie ein Bumerang zu mir zurückkommt und mich das erleben lassen wird, was der Mitmensch empfunden hat, als ich ihm etwas zufügte. In hohem

Maße kulturwandelnd können diese Wahrheiten des Lebens werden. Lebt man mit ihnen, so ist man zudem durchaus in bester Gesellschaft.

Goethe spricht von der Entelechie, die unsterblich ist und wiederkehrt. In einem Gedicht an *Frau von Stein* sagt er:

> »Sag, was will das Schicksal uns bereiten?
> Sag, wie band es uns so rein genau?
> Ach, du warst in abgelegten Zeiten
> Meine Schwester, meine Frau.«

Und auch *Schiller* fragt:

> »Waren unsere Wesen schon verflochten?
> War es darum, daß die Herzen pochten?
> Waren wir im Strahl erloschner Sonnen,
> In den Tagen lang verrauschter Wonnen
> Schon in Eins zerronnen?...«

Strindberg spricht in seinen Blaubüchern seine Erfahrung aus, wonach er für unbekannte Vergehen in einer Vorvergangenheit leiden müsse und sich nicht beklagen dürfe; zu seinem Karma gehöre es, unrecht zu bekommen, auch wenn er recht habe.

Das sind nur ganz wenige Beispiele, denen viele hinzugefügt werden könnten. Seien dies Dichter wie *Herder, Hebbel, Hölderlin, Novalis, Heine, Morgenstern,* seien es Philosophen der letzten beiden Jahrhunderte – die Idee leuchtet auf, ohne immer festgehalten zu werden. Mitunter ist es nur wie ein Wetterleuchten; sie verdichtet sich nicht bis zur Lehre, aber sie verschwindet nicht mehr. Im 20. Jahrhundert hat *Dr. Rudolf Steiner* diese beiden grundlegenden Gesetze in klarer Form vor die westliche Welt gestellt. Er beantwortet exakt auch jene Frage, die im Osten vielfach offenblieb: was sich wiederverkörpert. Das menschliche Ich, der menschliche, durch die Seele individualisierte Geist ist es, der von Geburt zu Geburt schreitet, bis einst das kontinuierliche Bewußtsein erreicht wird. Eine Art Extrakt der Seele bleibt mit dem Geiste auch nach dem Tode verbunden und ermöglicht die Identifizierung bei der Wiedergeburt.

Eine andere Erklärung des Schicksalsrätsels und der astrologisch behaupteten Sterneneinflüsse gibt es nicht! Nach dem Tode durchlebt der Mensch die Sternensphären, er wächst und wächst in seiner Wesenheit zum makrokosmischen Wesen. Kehrt er zur Erdengeburt zurück, so wird sein Erdenseelenkleid aus Sternensphärensubstanzen gewebt. Er selber ist es, der das, was er in Sphären eingetragen hat, wieder aufnehmen muß, um es auf Erden zu verwandeln. Was wäre es für eine Gnade, wenn von einem einzigen Leben ewige Verdammnis und ewige Seligkeit abhinge?! Gnade ist es, daß wir in wiederholten Erdenleben Sünden selber büßen dürfen, daß wir Gelegenheit haben, uns weiter zu entwickeln und gutzumachen.

Es ist durchaus nicht so, als kenne das Neue Testament die Frage der Reinkarnation nicht. Im 17. Kapitel des *Matthäus*-Evangeliums (auch bei *Markus* und bei *Lukas*) ist in der Verklärungsszene die Rede davon, daß die Schriftgelehrten sagen, *Elia* käme wieder. *Christus* antwortet, daß er schon gekommen, aber nicht erkannt worden sei, sondern daß sie an ihm taten, was sie wollten. »Da verstanden die Jünger, daß er von *Johannes dem Täufer* zu ihnen geredet hatte.« An anderer Stelle sagt *Christus*, daß er noch vieles zu sagen habe, daß seine Jünger es aber jetzt nicht fassen könnten.

Damit ist ganz ausdrücklich Raum für im Testament noch nicht ausgesprochene Wahrheiten gelassen, die erst in späterer Zeit erfaßt werden können. Jetzt, nach fast 2000 Jahren, ist die Zeit herangereift, wo der Mensch weitere spirituelle Wahrheiten zu verstehen beginnen kann.

Wenn hier auf Bibelstellen hingewiesen wurde, so nicht, um aus der Schrift die Reinkarnation beweisen zu wollen. Nur soviel sollte daraus gefolgert werden dürfen, daß sie nicht gegen diese Annahme spricht. Auch kein Zitat noch so geistreicher Männer »beweist« uns die erwähnten Gesetze. Auch die Tatsache, daß ein so praktischer, vernünftiger und erdentüchtiger Mann wie *Henry Ford* sich zu diesen Ideen bekannte und mit ihnen lebte, vermag uns nur zu zeigen, daß man als moderner Mensch im technischen Zeitalter damit zugleich leben und tüchtig sein kann, daß man deshalb sich durchaus nicht im Wolkenkuckucksheim zu verlieren braucht (siehe *Emil Bock:* »Wiederholte Erdenleben«, u. a.).

Wir müssen nun freilich dem Leser noch mehr zumuten, als sich mit den Ideen von Reinkarnation und Karma zu befreunden. Will man die Astrologie verstehen, will man ihre geistigen Hintergründe erkennen, so kann man an der Lehre von den Hierarchien nicht vorbeigehen. Eine ganze Stufenfolge von Wesenheiten, eine Art himmlischer Ämter, sind die Gehilfen der hohen Trinität. Schon der alten Offenbarungsweisheit vorchristlicher Zeit bekannt, erfuhr die Hierarchienlehre ihre Verchristlichung durch *Dionysius, den Areopagiten,* jenen in Athen lehrenden Schüler des *Paulus.* Die Kirche spricht von den verschiedenen Engelreichen, deren Heerscharen Gott dienen. *Heinrich Heine,* der so oft als Spötter auftritt, ist auch der Verfasser des Liedes »Großer Gott, wir loben dich«. In ihm ist die Rede von den Cherubim und Seraphinen, von all den Engeln, die dem Herren dienen. *Goethe* spricht in seinem Gedicht »Das Göttliche« von ihnen:

> »Heil den unbekannten
> Höhern Wesen,
> Die wir ahnen!
> Ihnen gleiche der Mensch!
> Sein Beispiel lehr' uns
> Jene glauben.«

Rudolf Steiner nennt die Planeten die Grenzen der Herrschaftsbereiche der einzelnen Kategorien innerhalb der Hierarchien. So kommen wir zu Wesenheiten, die über dem Menschen stehen. Da sie übersinnliche Wesen sind, können sie den Sinnen unseres physischen Leibes nicht sichtbar werden, wohl aber dem, was in unserem übersinnlichen Leib an Wahrnehmungsorganen ausgebildet werden kann und im Keime vorhanden ist!

In den Kosmos, den wir sehen, ragt ein Geisteskosmos hinein. Wollten wir nur physische Sterngebilde anerkennen, so würden wir Menschen gleichen, die nur den physischen Leib als vorhanden zugeben wollen. Dann gäbe es überall in der Welt nur Leichname.

Wie aber im Menschen Seele und Geist wirksam sind und wie er nach dem Bilde der Gottheit als ein Mikrokosmos geschaffen worden ist, so sind in Planeten- und Sternensphären höhere Wesen die Bewirkenden. Die Sterne, die wir sehen, sind nur verlassene Götterleiber und in diesem einen Sinne in der Tat Leichname. In den Sphären dieser Sterne aber wirken die Wesen der Hierarchien noch immer, in ihnen haben sie ihre »Wohnsitze«, ihre »Häuser«. Keine Strahlen physischer Körper bewirken Charaktereigenschaften, Fertigkeiten, Schicksale! Wir müssen es wieder begreifen lernen, daß jene Wesen, die den einzelnen Menschen zu seinem Schicksal führen, Engel sind. Jeder Mensch hat seinen Engel, der ihn in diesem Sinne als ein Schutzengel führt. Er kann nicht anders, als uns zu demjenigen Schicksal führen, das uns zukommt, das wir brauchen, um bestimmte Erfahrungen und Entwicklungen durchzumachen. Dazu gehören auch leidvolle Ereignisse. Der Glaube an den Schutzengel ist bis heute nicht völlig erstorben. Wir müssen ihn wieder aufnehmen, wollen wir der Realität geistiger Welten entsprechen, die in die unsere hineinreichen.

Die Gegner der Astrologie fragen, wieso sich Gott um das Schicksal einzelner Menschen auf der kleinen Erde kümmern könne. Dazu eben hat die Gottheit ihre Diener, Gehilfen, ihre Boten, ihre Engelreiche. Bitten wir um Persönliches, so dringt diese Bitte auch nur zu unserem Engel, in dem wir drinnen stehn. Wenn wir uns gewöhnen, auf die »Sprache« unseres Engels zu hören, so werden wir sein tägliches Wunder in unserem Leben erkennen können. Dies nicht nur in positiven Erlebnissen, sondern auch in manchem, was an Bösem verhindert wurde. Man ist durch irgend etwas aufgehalten worden und erfährt nachher, daß sich ein Unglück ereignet hat, das uns hätte betreffen können. Das Geschehen im sozialen Zusammenhang könnte uns immerwährend in Situationen bringen, die nicht unser eigenes Schicksal sind. Daß wir so geführt werden, daß wir unser Schicksal erleben dürfen, das es, wie mehrfach betont, immer gut mit uns meint, verdanken wir jener Wesenheit, die eine Stufe über dem Menschen steht: dem Engel. Seine Sphäre, die Grenze seines Herrschaftsbereiches, ist die *des Mondes*. Von seinem Umkreis herunter zur Erde reicht sein Gebiet. Es ist das Reich des Schicksals, das nur »sublunar«, unter dem Monde, besteht. In seiner Sphäre wird es nachtodlich abgelegt und im Abstieg zur Geburt wieder ergriffen. Der Engel jedes einzelnen Menschen ist es, der ihn von Geburt zu Geburt, durch die Inkarnationen, zu seinem Schicksal führt. Er ist der Genius, der im Denken mitwirken kann, wenn sich der Mensch ihm öffnet. Heute ist das immer seltener der Fall, weil der Mensch als Eigenwesen denken will. Das gehört so zur Entwicklung.

Das Reich der *Erzengel* reicht weiter hinauf als das der Engel. Die »Grenzmarke« ist die *Merkursphäre*. Während Engel sich um das Einzelschicksal kümmern, führen Erzengel ganze Völker und Rassen. Sie bestimmen das gemeinsame Fühlen in einem Volk und geben dem Gedanken einen höheren Gefühlston. Im physischen Leib ist der Mensch allein. Sein individueller Ätherleib (Lebensleib) ist dagegen in einen übersinnlichen Leib des betreffenden Volkes eingebettet. Die Verschiedenheit der Völker beruht darauf, daß sie von verschiedenen Erzengeln geführt werden.

Über den Erzengeln stehen die *Archai, Urbeginne, Urkräfte* oder *Fürstentümer* genannt. Sie sind die Zeitgeister und führen die größeren Zeitperioden, wie die »Weltenmonate« oder Kulturperioden. Sie wirken über den Willen des Menschen und bestimmen ein gemeinsames Wollen in den einzelnen Zeitperioden. Durch sie ändert sich deren Charakter. Von dieser Stufe der höheren Wesen angefangen, sprach man von den Göttern. Die christliche Hierarchienlehre spricht bis hinauf zu den Cherubim und Seraphim von Engelchören, Engelbereichen, himmlischen Heerscharen, die der höchsten Trinität dienen. Nach »oben« ist der Archai-Bereich durch die *Venus-Sphäre* begrenzt.

Jeweils drei Glieder von Wesenheitsgruppen bilden eine Hierarchie. Die genannten drei gelten als die dritte Hierarchie. In ihrer Gesamtheit sind sie zum Dienst am Menschen bestimmt. Sie sind es, die Schicksale bewirken, und nicht tote Gestirnsmassen von Planeten. Eine solche Annahme, der viele moderne Astrologen noch huldigen, ist ihr größter Irrtum. Die Planeten sind Himmelsmarken, die uns Wesenheitsbereiche anzeigen. Feine ätherische Substanzen erfüllen die Sphären, aber nicht sie sind es, die Eigenschaften, Neigungen, Schicksale herbeiführen.

Wie wir an früherer Stelle die Durchdringung der Sphären und ihr Hinabreichen bis auf die Erde im Bilde sahen, müßten wir jetzt an die Stelle der Planetenrahmen die der einzelnen hierarchischen Wesensglieder setzen.

Es beantwortet sich in dieser Art die erwähnte, an die Astrologie gerichtete Kernfrage: wie es möglich sein könne, daß sich Gott um die Schicksale der einzelnen Menschen kümmere. Über seine Heerscharen, seine Diener, seine Engel geschieht es, wie bereits gesagt! In diesem Sinne ist der Satz gemeint, daß wir überall erst da befriedigende Antworten haben können, wo wir bis zum Wesen durchdringen können. Nicht »in den Sternen« wohnen sie heute, wohl aber wirken sie in deren Sphären. Ein Geistkosmos von hierarchischen Wesenheiten steht »hinter« den Sternen. Gerade da, wo wir, zum Himmel schauend, *nichts* sehen, ist der übersinnliche Kosmos von Geistwesen, deren gemeinsames Bewußtsein der Mensch ist.

Die Sinnesorgane unseres physischen Leibes erschauen nur die äußere Welt, dafür sind sie erbildet. Geist aber schauen wir nur durch Geistesaugen, durch geistige Organe. In alter Zeit waren diese offen. Menschenkarma hat sie uns in gleichem Maße verschlossen, wie uns unsere physischen Sinne geöffnet wurden. Der Kosmos ist verstummt, die Götter haben das Wort den Menschen überantwortet.

Gar so lange ist es nicht her, daß das Wissen um die übersinnlichen Wesensbereiche noch allgemein war.

Paulus spricht z. B. in dem Brief an die Epheser im 6. Kapitel, Vers 12 davon, daß wir es nicht mit Fleisch und Blut, sondern mit

Fürsten und Gewaltigen zu tun hätten. Er spielt dabei in seinem Zusammenhang auf gefallene Engelscharen an, denn es gibt nicht nur die normalen Diener der Gottheit, sondern auch Abtrünnige, Gefallene, Empörer in jeder Wesenskategorie. Im Epheserbrief 1. Kapitel, Vers 21 spricht *Paulus* davon, wie Christus Herr ist über »alle Fürstentümer, Gewalt, Macht, Herrschaft und alles, was genannt mag werden…«

Im Mittelalter sind die hierarchischen Begriffe noch bekannt. *Agrippa von Nettesheim* führt sie in seinen »Magischen Werken« an. Der gelehrte Jesuit *Anasthasius Kircher* nennt sie die »Mystischen Glieder«. Er führt den Menschen als 10. Glied, das unterste, an und spricht damit aus, daß die Menschenseelenwesenheit als Glied dieser hierarchischen Wesenskette geschaffen ist, die wie eine Leiter von der göttlichen Trinität des himmlischen Geistreiches bis zum Menschen hinabreicht.

Mit *Nietzsche* kann man sagen, daß die Welt tiefer als der Tag gedacht sei. So ist es auch mit dem Schicksal des Menschen und der Menschheit.

Die Hierarchien finden sich »hinter« den »10. Sephirot«, deren Abstraktion die zehn Kategorien des *Aristoteles* sind! Sie finden sich ebenso in den »Zehn Namen Gottes« der jüdischen Kabbala.

Von stärkerer Kraft sind die Wesen der 2. Hierarchie. Sie vermögen in die *Natur* zu wirken und über sie an den Seelen der Menschen. Auswirkungen ihrer früheren Gedanken sind zu Naturgesetzen geworden. Sie gestalten die Planeten, geben ihnen innere Beweglichkeit und durchziehen den Kosmos in Stern und Mensch mit dem Bande eines gemeinsamen Bewußtseins. Beim Menschen ist dies vom eigenen Bewußtsein verdeckt, ins Unterbewußtsein gedrückt, weil er sich nur so als ein Selbst erleben und denken kann.

Geist der Form. Die *Sonnensphäre* ist Grenzmarke der *Exusiai* (Vollmachtsgeister), die auch *Elohim, Gewalten, Potentaten* genannt werden. Sie schaffen Formen.

Geist der Bewegung. Die *Marssphäre* ist Grenzmarke der *Dynameis*, die auch *Mächte, »flammende Mächte«, Tugenden* genannt werden. Von ihnen geht die Fähigkeit der inneren Beweglichkeit der Planeten aus.

Geist der Weisheit. Die *Jupitersphäre* begrenzt den Machtbereich der *Kyriotetes,* auch *Herrschaften* oder *Funkelnde* genannt, deren Weisheit das gemeinsame Band des Bewußtseins schafft.

Über der 2. Hierarchie steht die erste, wieder aus drei Kategorien bestehend. Es sind Wesen, die die Fähigkeit haben, sich selbst zu erschaffen.

Geist des Willens. Die *Throne* (Sitze des Herrscherwillens) begrenzen die *Saturnsphäre.* Sie sind auch »*Mächtige*«. Ihr Wille ist der Urimpuls der Planetenbewegungen. Die *Cherubim* (»*feurige Räder*«) bestimmen den harmonischen Zusammenklang aller Bewegungen im Kosmos, dessen Ordnung. (Kosmos ist wörtlich: das Geordnete im Gegensatz zum Chaos.) Sie *begrenzen den Tierkreis.*

Geist der Liebe. Die *Seraphim,* »*flammende Zungen*«, weil sie das Schöpferwort Gottes in die geoffenbarte Welt tragen und es Fleisch werden lassen, sind die Geister der Liebe, *die noch über den Tierkreis hinausreichen.* Ihre Arbeit ist es, Natur und Mensch im Schicksal einander zuzuordnen. In einer höheren Einheit treffen sich Naturgesetze und solche des Menschenschicksals. Sie sind aufeinander von höchster Warte abgestimmt.

Weiter darüber hinaus sind höhere Wesen, die die Verbindung zur höchsten Trinität herstellen, uns Menschen noch nicht erkennbar.

Es ergibt sich die Folge:

I.	1. Seraphim	= Sphäre jenseits der Fixsterne	Zentrum:
	2. Cherubim	= Tierkreissphäre	Tierkreis
	3. Throne	= Saturnsphäre	

II.	4. Kyriotetes	= Jupitersphäre	Zentrum:
	5. Dynameiis	= Marssphäre	Sonne
	6. Exusiai	= Sonnensphäre	

III. 7. Archai   = Venussphäre   Zentrum:
      8. Erzengel   = Merkursphäre   Mond
      9. Engel   = Mondensphäre

      10. Mensch   = Erde

Nach der Zahl 10 ist der Mensch in seinen Gliedmaßen gebaut.
Er »endet« in zehn Fingern und zehn Zehen.

Wie das Schicksal
zum Menschen kommt

Der Mensch ist mit seinen Taten verbunden. Sie wirken von einem Leben in das nächste hinüber. Das ist, wie gezeigt wurde, das Gesetz des Karmas, wie es in seiner Kausalität für jeden Menschen gilt. *Christus* hat dieses Urgesetz nicht aufgehoben. Laut *Matth. 5, 26* sagt er:

> »Du wirst nicht von dannen herauskommen, bis du auch den letzten Heller bezahlest.«

Des Menschen Taten sind nach außen betätigter Wille, der die Eigenschaft hat, zu seinem Schöpfer zurückzukommen. Als Schicksal tut er das. Nachtodlich nehmen unsere Erdengedanken *zwingenden* Charakter an. Während des Erdenlebens zwingen uns unsere Gedanken nicht. Nur bei organischen Verletzungen können krankhaft Zwangsideen entstehen und den Menschen dann beherrschen. Nachtodlich aber ist es normal, daß unsere früheren Gedanken zwingend nachwirken.

Man sieht manchen Menschen völlig im Materialismus aufgehen, er handelt schlecht an seinen Mitmenschen, und doch sieht man mitunter nicht, daß es ihm selber dadurch im Leben weniger gut ergeht. Scheinbar gelingt ihm alles bis zu seinem Lebensende. Solche Tatsachen lassen manchen an Gottes Gerechtigkeit zweifeln. Er kann wissen, daß der Ausgleich von selbst kommt: Taten wirken Karma. Gestalt nimmt dieses oft erst im folgenden Erdenleben an. Nach dem Tode erlebt der Mensch im »Kamaloka« (das »Fegefeuer« ist ein Teil der Seelenregion) seine eigenen Taten von der anderen Seite, nämlich so, wie sie auf die anderen

Menschen gewirkt haben, wie sie von ihnen empfunden wurden. Das Feuer der Reue und zugleich der Reinigung brennt in seiner Seele. Das Erleben der höheren Sphären ist von dem Grade des Bewußtseins in bezug auf das spirituelle Leben auf Erden abhängig. Der Materialist kann die höheren Sphären durchaus »verschlafen«. Er weiß dann nichts vom Himmelreich. In jenen höheren Sphären findet eine völlig gerechte Selbstbeurteilung der eigenen Wesenheit statt.

Nach einem Sein in der Welt des Geistes faßt der Mensch, geistdurchdrungen, den Entschluß, zur Erde zurückzukehren. Eine Sehnsucht nach ihr ergreift ihn. Sie wirkt als Schwere auf seine Seele und führt ihn durch die Sphäre abwärts (siehe auch: Dr. *Hermann Poppelbaum:* Sternenall, Schicksalsrätsel und Erdenwürde).

In der *Saturnsphäre* faßt er bestimmte Entschlüsse, die sein Schicksal bestimmen werden. So wird »Saturn« zum Herrn seines Karmas. Die selbstgefaßten Entschlüsse – aus Geistnotwendigkeiten heraus – wirken sich im folgenden Erdenleben aus seinem höheren Ich heraus aus. Empfunden wird das so, als wären es äußere Mächte, die einem blind unverständliche Fügungen bringen. Das liegt nur daran, daß diese im Geist gefaßten Entschlüsse, in denen das höhere Ich sich in freier Einsicht dem Karmagesetz von Ursache und Wirkung einfügt und für Kontinuität sorgt, vergessen werden, sobald der Geist des Menschen in den physischen Leib einzieht. Er ist der Sarg, der alles zudeckt.

Nun muß man das Karmagesetz nicht *nur* vom »juristischen« Standpunkt, im Sinne von Strafe oder Belohnung, Schuld und Sühne, auffassen. Vielmehr handelt es sich um die Notwendigkeiten der einzelnen Entwicklung, die sich der allgemeinen Menschenevolution einfügt. Wenn ein bestimmtes Ziel nur dadurch erreicht werden kann, daß Armut oder bitteres Leid erlebt werden, dann wird solches veranlagt. Immer aber wird es so geschehen, daß jede Wirkung eine Ursache in eigenen Taten der Vergangenheit hat.

Dem eigenen Entschluß zu bestimmtem Schicksal gegenüber lebt man auf der Erde unserer Zeit wie in Trance. In der Saturnetappe ist nur der Geistkeim des späteren physischen Leibes vorhanden. Bis in diesen hinein wirken von hier aus Schicksalsimpulse.

Die nächste große Etappe bildet die *Sonnensphäre*, in der der Mensch – jeweils mit Hilfe höherer hierarchischer Wesenheiten – seinen Empfindungsleib aus dem der Planetensphären zusammenzieht. Das eigene höhere »Ich bin«, *Manas*, sorgt unter Beihilfe höherer Wesen dafür, daß der Empfindungsleib (Astralleib) so gebildet wird, wie er durch Taten der vergangenen Inkarnation vorbereitet wurde. Das Ich ist selbst das Konstante dabei, welches die alten »Fäden« wieder findet und erneut aufnimmt, sie zu Schicksalssituationen verknüpft. Was man im Schicksal erstrebt, wird nun als Impuls in die Empfindungen verwoben, und zwar aus den verschiedensten Richtungen und Neigungen der Planeten.

In der *Mondensphäre* wird dann, wie wir schon sahen, ziemlich gleichzeitig mit der Konzeption der Ätherleib aus den kosmischen Kräften wiederum in Übereinstimmung mit dem Karmagesetz gebildet. Er ist Zeitenleib und nicht räumlich. Die kosmischen Rhythmen sind in diesen Kräften drinnen. Es wird jetzt sozusagen die Lebensuhr eingestellt. Neigungen und Abneigungen weben sich als Gewohnheiten ein. Dabei vergißt jetzt der noch Ungeborene mehr und mehr die selbstgefaßten Schicksalsentschlüsse; sie sind in seine übersinnlichen Leibeshüllen verwoben worden. Sein Bewußtsein wird dumpfer, denn mit der Erdengeburt entstirbt er den himmlischen Welten. Im Ätherleib trägt der Mensch alle Sternenrhythmen in sich. Die Schicksale sind zu zeitlicher Auslösung wie Zeitzündungen veranlagt.

Von der Erde her wird eine bestimmte Vererbungsströmung dargeboten. Schon viel früher ist dasjenige Elternpaar ausgesucht worden, welches aus dieser Strömung der Generationsfolge gerade jene Anlage vererbt, die sich zur Erfüllung der Schicksalsabsichten am besten eignet. Unter dem Aspekt von Reinkarnation und Karma wird es sinnlos zu sagen, daß ein Mensch gerade so und nicht anders werden und handeln mußte, weil er »erblich belastet« sei. Das ist ein völlig verfehlter Gesichtspunkt. Die eigne

Schicksalsanlage führt zur Aufnahme bestimmter Erbanlagen. Wahlverwandtschaft herrscht hier. Zwei Ströme begegnen sich wieder: Der eine kommt von oben, vom eignen Ich, der andere von der Erde her. Der Vererbungsstrom trägt alle Ursünde und Krankheit, alle Abirrungen in sich.

Im Embryonalzustand wird dann der physische Leib gebildet, Kräfte und Materie werden in ihn hineingeschoben. Aus dem Astral- und Lebensleib wird dabei dasjenige ins Physische abgedrückt, was schließlich über die Muskeln, über den ganzen Organismus zu Schicksalen wird. Wenn mir ein Ziegelstein auf den Kopf fällt, so ist das kein Zufall, sondern ich bewege mich dann nach karmischen Gesetzen dorthin, wo sich das veranlagte Schicksal auslösen kann.

Gelegentlich der Verbindung des vorgeburtlichen Menschenwesens mit dem physischen Leib, der in dem der Mutter heranwächst, erlischt die Schicksalsvorausschau mit ihren Bildern. Aus dem ursprünglichen »Ja« zum Schicksal wird oft ein Kampf gegen dieses. Es ist ein weiter, oft leidvoller Weg bis zu der Erfahrung, daß es das Schicksal immer gut meint. Nur scheinbar kommt das Schicksal von außen, es ist von innen her veranlagt. Das äußere Geschehen sind die Kulissen des Lebens.

Welche Kulissen gerade auf der Bühne erscheinen, vermag der Astrologe aus dem »fortbewegten«, »progressiven« Horoskop, welches zum Geburtshoroskop in Beziehung gesetzt wird und nur eine Funktion desselben ist, in groben Umrissen zu sehen. Besonders deutlich zeigt das der Lauf des progressiven Mondes, aber auch der anderen Planeten durch Zeichen und Häuser.

Nun ergibt sich eine weitere Kernfrage: *Warum soll der Geburtsmoment maßgebend sein?*

Gewiß wird der Mensch in Zusammenhang mit dem Kosmos geboren. Aus ihm heraus stirbt er in die Erdenwelt hinein. Im vorgeburtlichen Leben ist er im Kosmos, lebt in seinen Empfindungen (Planetensphären), und der Kosmos empfindet sich in ihm. Wie in seinem Ätherleib (Zeitenleib) die Sternen-Rhythmen darinnen leben, wurde schon erwähnt. Des Menschen Lebensuhr beginnt in einem karmisch bestimmten kosmischen Augenblick, nämlich in demjenigen, wo sein Schicksal mit dem des Kosmos am stärksten verwandt ist. Intelligenzkräfte hoher Wesen haben diese Verbindung noch aufrechterhalten.

Wird der Mensch geboren, so gleicht sein Hirn etwa einer photographischen Platte, in die hinein sich der gesamte Sternenhimmel ein Abbild schafft. Erst mit dem ersten Atemzug ist das Kind leiblicher Erdenbürger, denn vorher ist es im Leib der Mutter, wie es noch früher im Leib des Kosmos lebte. Mit dem ersten Atemzug tritt das Kind in Beziehung zur Erdenwelt. Das ist dann »das Gesetz, nach dem wir angetreten« sind. *»Dir selber kannst du nicht entfliehen.«* – »Nach ewigen, ehernen großen Gesetzen müssen wir alle unseres Daseins Kreise vollenden.« (Goethe)

Das Schicksal führt zu bestimmten Begegnungen mit Menschen, mit denen wir etwas abzumachen haben. Es führt uns an bestimmte Orte zu bestimmten Gelegenheiten, die wir ergreifen oder vergessen, es führt uns zu Freud und Schmerz, zu Krankheit und Kummer, zu Armut oder Reichtum, zur Arbeit oder nimmt sie uns wieder. Immer aber führt es uns dem Ziele zu, entsprechend dem ureigensten, im kosmischen Dasein im Zustand der Geistdurchdrungenheit höherer Einsichten gefaßten Entschluß. Es führt uns nach Hause, denn des Menschen höheres Wesen ist nicht von der Erde. Seine wahre Heimat sind die Himmelswelten des Geistes.

Eine weitere Kernfrage tut sich auf: *Wie ist es mit der menschlichen Freiheit?*

In der Tat gibt es Astrologen, die dem Fatalismus huldigen. Besonders zeigt die arabische Astrologie diese Neigung. So haben wir auf der einen Seite die Seelenhaltung des Fatalismus und auf der anderen eine völlige Ablehnung jeglicher Abhängigkeit vom Kosmos. Die Wahrheit liegt wieder einmal in der Mitte. Trotz gegenüber dem Schicksal ist Unwille, statt Willen, den wir brauchen, um es im Erdenleib zu erleben. Trotz ist ebenso verfehlt wie der Fatalismus des Nichtstuns. So wie wir mit unserer gesamten Konstitution, unseren Anlagen, Neigungen, Fähigkeiten zur Erdenwelt kommen, sind wir es durch das kosmische

Kausalgesetz. »So mußt du sein.« Wir sind Fleisch gewordenes Karma. Schauen wir in die Vergangenheit, so sind wir nicht frei. Blicken wir vorwärts, so wissen wir, daß unsere Taten wiederum zum Schicksal werden. Der Mensch steht somit zwischen gewordenem und werdendem Karma. Die Möglichkeit der Freiheit besteht für ihn somit nur in der jeweiligen Gegenwart allein! Wenn ich außer jenen Taten, die aus meinen Anlagen bestimmt sind und aus meinen eingefleischten Gewohnheiten kommen, aus höherer Einsicht solche vollbringe, deren Motive ich vor der Tat einsehe und deren kausalen Ablauf ich vorher weiß, bin ich frei. Aus dieser Freiheitsmöglichkeit heraus kann der Mensch auf die Gestaltung des werdenden künftigen Karmas einwirken.

Ein gewisses »Material« ist dem Menschen wie ein Kapital gegeben. Was er aus ihm macht, wie er sich zu seinem Schicksal und zur sozialen Welt stellt, darauf kommt es an. Die innere Einstellung entscheidet. Karma ruft ja die innermenschlichen Kräfte und Fähigkeiten auf. Erleide ich das Schicksal passiv, so tue ich nichts, um es in der Zukunft anders zu gestalten, bin nur Werkzeug. Der Mensch ist aufgerufen, es schöpferisch anzupacken, das Geschaffene umzuschaffen. Nicht einmal darauf kommt es an, was man erreicht, sondern darauf, in welche Richtung wir unsere Kräfte lenken, in welche wir streben, denn »wer immer strebend sich bemüht, den können wir erlösen«.

Astrologie ohne Sterne?
Bild und Zeichen

Dieses Problem erscheint mir so wichtig, daß ich darauf noch konkreter eingehen möchte. Gegner der Astrologie machen den Laien darauf aufmerksam, daß ein Planet, von dem der Astrologe sage, er stehe im Widder, gar nicht im sichtbaren Sternbild des Widders zu finden sei, sondern in der Sternengruppe der Fische! Damit sei eigentlich die ganze Astrologie hinfällig. Wo seien denn die Tierkreiszeichen zu finden? Das Auge erblickt sie nirgends. Somit seien sie bloße Abstraktionen ohne Bedeutung.

Unsere Gegenfrage wäre die: Wo erblicken unsere Sinnesaugen Kräfte, wo Seele, wo Geist? Nur Kräfte*wirkungen* nehmen wir wahr, ebenso nur Äußerungen der Seele und des Geistes.

Wie schon gesagt wurde, ist es im Kalenderwesen heute noch üblich, davon zu sprechen, daß Sonne, Mond und Planeten in bestimmten Zeichen stehen. Auch in astronomischen Kalendern steht die Sonne im April im »Zeichen des Widders«, während sie den sichtbaren Bildern nach in den Fischen zu finden ist. Die Sommersonnenwende findet beim Übergang vom Zeichen Zwillinge in das des Krebses statt, die sichtbaren Bilder aber sind um fast ein ganzes Zeichen verschoben. Die Zeichen sind rechts von den gleichnamigen Bildern zu suchen.

Der Heidelberger Astronom Dr. *Fr. Gondolatsch* sagt dazu im »Astronomischen Kalender für das Jahr 1950« (Carl Winter, Universitätsverlag Heidelberg): »Die Tierkreiszeichen sind in ihrer jahrtausendelangen Entwicklung zu einer Realität geworden, die sich gar nicht beseitigen läßt; durch ihre Nicht-Beachtung kann man nur sich selbst ärmer machen.«

Ptolemaios war ein ebenso großer Astronom wie Astrologe. Die Tatsache der Präzession (Vorrücken der Tag- und Nachtgleichen) war ihm, wie schon erwähnt, durchaus bekannt. Schon *Hipparch* (etwa 190–125 v. Chr.) hatte sie entdeckt. Daß sich Bild und Zeichen voneinander trennen, hinderte *Ptolemaios* nicht daran, astrologische Lehrbücher zu verfassen.

Ich habe immer wieder beobachten müssen, daß dem Laien der Unterschied von Bild und Zeichen sehr schwer begreiflich ist. Bei etwas Nachdenken sollte es jedoch leicht verständlich werden.

Daß die Ebene des Erd-Äquators zu jener der Ekliptik (Sonnenbahn) in einem Winkel steht, der zur Zeit 23 Grad 27 Minuten beträgt, lernt man schon in der Volksschule. Man nennt diese Neigung die Schiefe der Ekliptik. In einem Band von wenig über 20 Grad Breite bewegen sich alle Planeten in ihrem Lauf. Dieses Band, hinter dem die zwölf Fixsternbilder des Tierkreisgürtels sichtbar werden, ist die Ekliptik.

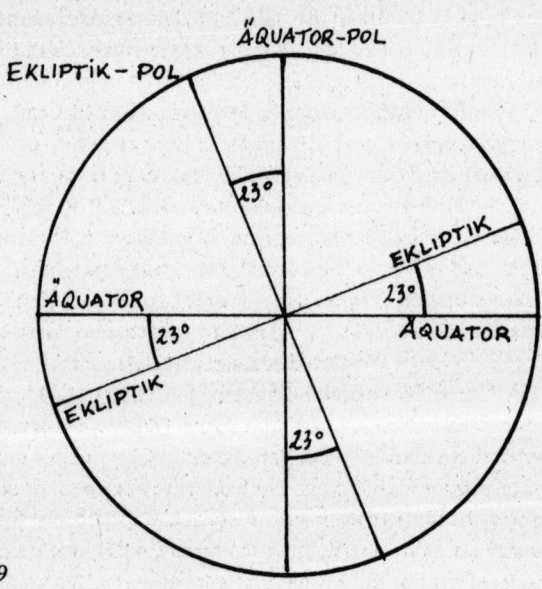

Fig. 9

Der Äquatorpol steht senkrecht auf der Ebene des Äquators, der Ekliptikpol dementsprechend auf der Ekliptikebene. In der vorangeschickten Zeichnung sind die Ebenen durch gerade Linien (Durchmesser) angedeutet (Fig. 9).

Da nun, wo sich die beiden Linien, welche Äquator und Ekliptik andeuten, schneiden, ist der Widder- oder Frühlingspunkt.

Von ihm aus beginnt die Teilung der Ekliptik in zwölf gleich große Abschnitte von je 30 Grad. Das sind die Tierkreiszeichen. Sie sind ein Zeitenrhythmus, der sich aus dem realen Bewegungsverhältnis, das zwischen Erde und Sonne besteht, ergibt. Im Laufe von zwölf Monaten ist ein Umlauf der Sonne bzw. der Erde vollendet.

Eine Schwierigkeit für die Auffassung ergibt sich nun aus dem Umstand, daß der Schnittpunkt der Ekliptik mit dem Äquator räumlich nicht konstant bleibt, sondern sich in der Richtung gegen die Folge der Tierkreisbilder verschiebt. Die Präzession findet »rückwärts« durch den Tierkreis statt. Der Frühlings- oder Widderpunkt kommt also z. B. von den Fischen in den Wassermann und so fort. Diese Bewegung ist also derjenigen der Sonne im Jahreslauf entgegengesetzt.

Bis der Frühlingspunkt einmal durch die ganze Ekliptik gewandert ist, vergehen rund 26 000 Jahre! Für einen Grad braucht er ein Menschenalter von 72 Jahren. Der Äquatorpol (die verlängert gedachte Erdachse) beschreibt im Verlauf dieser 26 000 Jahre eine kreisähnliche Figur um den Pol der Ekliptik. Dadurch wechselt für uns der Polarstern. Zur Zeit liegt er im Bilde des kleinen Bären, um über Kepheus, Schwan, Leyer und Drachen wieder zu ihm zurückzukehren (falls sich inzwischen nichts ändert!). Der Pol der Ekliptik liegt dagegen im Drachen.

Die zwölf Sternbilder des Tierkreisgürtels (Zodiacus) sind unserem Auge sichtbar und an ihren Gruppierungen zu erkennen. Zwar sagt hier die Astronomie, daß die einzelnen Fixsterne der Bilder durch riesige Entfernungen getrennt seien; aber andererseits ergibt sich die merkwürdige Tatsache, daß auch in Jahrzehntausenden die Gruppierung noch ebenso bleibt, wie sie, zurückgerechnet, vor ebenso langer Zeit schon vorhanden war. Es sei auf die Problematik der astronomischen Entfernungen verwiesen und darauf, daß es nicht auf materielle, tote Körper ankommt, sondern auf Sphärenwirkungen.

Gegenüber den sichtbaren zwölf Tierkreisbildern bleiben die gleichnamigen Zeichen unsichtbar. Bei ihnen kommt es nicht so auf das räumliche Ausgebreitetsein im Weltenall an als vielmehr auf den rhythmischen Prozeß! Ein ungleiches Raum-Maß setzt sich in ein gleiches Zeitmaß, in einen Takt der Sonne um. Die Sphärenmusik war bis in die Zeit des *Pythagoras* den Geistesohren hörbar. Nachher waren es nur einzelne Begnadete, denen dieses musikalische Tonerlebnis der Sonne noch etwas bedeutete.

»Die Sonne tönt nach alter Weise in Brudersphären Wettgesang« dichtete *Goethe*. Prof. *Hermann Beckh* zeigt in »Das geistige Wesen der Tonarten« (Breslau 1923, Verlag von Preuß und Jünger) den Zusammenhang der Tierkreiszeichen mit den Tonarten auf.

Wenn hier nun gesagt wird, daß es sich bei den Zeichen um Rhythmen handle, so ist damit nicht gesagt, daß diese automatenhaft, abstrakt und tot seien. Es sind eben gerade Rhythmen im Lebendigen, nämlich im Leben der Erde. Der Charakter der zwölf Monate des Jahres ist spezifisch. Er ist unabhängig davon, in welchem Sternbild sich der Frühlingspunkt befindet. Da, wo er sich jeweils befindet, ist dem Zeichen nach »null Grad Widder«.

Am 1. Januar 1952 um null Uhr war der Frühlingspunkt um 28 Grad, 1 Minute, 5 Sekunden vom Anfang des Stern*bildes* Widder entfernt! Nach Angaben des Astronomischen Recheninstitutes in Heidelberg ist der *Beginn* des sichtbaren Sternbildes in ekliptikaler Länge zu dem eben genannten Termin wie folgt zu sehen:

Anfang des Sternbildes:	Beginn des Sternbildes in ekliptikaler Länge:		
	Grad	Min.	Sek.
Widder	28	1	5
Stier	52	44	56
Zwillinge	89	28	12
Krebs	117	18	58
Löwe	137	21	58
Jungfrau	173	10	48
Waage	217	8	28
Skorpion	240	18	29
Schütze	265	34	5
Steinbock	298	59	2
Wassermann	326	48	58
Fische	350	58	55

Dagegen sind die *Zeichen* alle 30 Grad »groß«. Erinnern wir uns jenes *Keplerschen* Ausspruches, wonach Gott ein Bild des Tierkreises in die Erdenseele abgedrückt habe, so mögen wir noch etwas von dem ursprünglichen Zusammenhang ahnen, der zwischen Bild (Urbild) und Zeichen (Abbild) kausal bestanden hat. Die Zeichen existieren in unserer Zeit losgelöst von ihren Ur- und Vorbildern, den zwölf Tierkreisbildern, deren Wesenscharakter sie heute als ein Eigenes, sich im Rhythmischen Offenbarendes, in sich tragen.

Der Übergang des Frühlingspunktes von einem Bild in ein anderes fand nach meinen Berechnungen zu folgenden Zeiten rechnerisch statt (bzw. wird stattfinden):

Eintritt in die Waage	=	15 348 v. Chr.
Jungfrau	=	13 680
Löwe	=	10 515
Krebs	=	7 936
Zwillinge	=	6 492
Stier	=	4 487

Widder	=	1 843
Fische	=	63
Wassermann	=	2 604 n. Chr.
Steinbock	=	6 348
Schütze	=	8 754
Skorpion	=	10 572

Figur 10 veranschaulicht das heutige Verhältnis von Bild und Zeichen. Der innere Kreis stellt die 12 Zeichen von je 30 Graden dar. Der äußere Kreis repräsentiert die ungleich großen, sichtbaren 12 Bilder. Der Pfeil zeigt die Richtung der Verschiebung der Tag- und Nachtgleichen an.

Ein weiterer Behelf, sich den Unterschied von Zeichen und Bild klarzumachen, ist die folgende Tabelle:

Die Sonne trat 1952
in das *Zeichen:*   in das *Bild:*

Wassermann	am	21. 1.	Wassermann	am	16. 2.
Fische		19. 2.	Fische		11. 3.
Widder		20. 3.	Widder		18. 4.
Stier		20. 4.	Stier		13. 5.
Zwillinge		21. 5.	Zwillinge		20. 6.
Krebs		21. 6.	Krebs		20. 7.
Löwe		22. 7.	Löwe		10. 8.
Jungfrau		23. 8.	Jungfrau		16. 9.
Waage		23. 9.	Waage		30. 10.
Skorpion		23. 10.	Skorpion		22. 11.
Schütze		22. 11.	Schütze		17. 12.
Steinbock		21. 12.	Steinbock		20. 1.

Halten wir fest: Für den Astrologen kommt es nach wie vor darauf an, in welchem *Zeichen* ein Planet steht. Die im Vorgeburtlichen nach dem kausalen Karmagesetz erfolgten Veranlagungen von Charakter und Schicksal lösen sich im Erdenleben in Verbindung mit dem Abdruck der Tierkreisbilder im Zeitenleib der

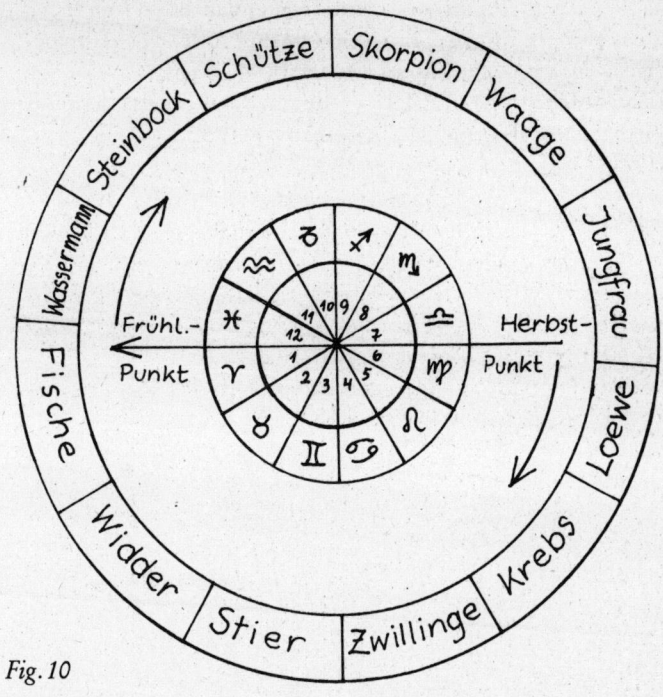

Fig. 10

Erde aus. Die Zeichen, nicht die Bilder bleiben maßgebend. *Sie* zeichnen auch die Gestalt. Behaupten, daß die sichtbaren Sternenbilder Gestalt, Charakter und Schicksal zeichnen, hieße die Evolution leugnen, in der die Erde einen eigenen Leib erhalten und sich vom Kosmos zum Eigenwesen emanzipiert hat. Die Zeichen sind das Band, das die Erde mit dem Kosmos verbindet. Die Bilder schufen die Erde nach dem Gesetz des Kosmos, jedoch als individuellen Planeten. Richtiger noch ist es zu sagen, daß es nicht die Bilder, sondern die »hinter« ihnen stehenden, bewirkenden, impulsierenden Wesenheiten sind, die die Erde schufen!

Rhythmische Prozesse sind nicht ohne Substanz! Ebenso wie die menschlich rhythmischen Prozesse des Blutkreislaufes und des Atmens im *Organismus* stattfinden und nicht im Leeren, so ist das auch im Kosmos. Er ist ein Organismus wie der Leib des Menschen. Im Zeitenleib der Erde wirkt der Geist der Zeit. Zu seiner Offenbarung braucht er Substanz, und sei es solche aus »Gedankenstoff«.

Kosmische Rhythmen im Menschen

Der erwachsene, gesunde, normale Mensch atmet in der Minute etwa achtzehnmal, während sein Puls im gleichen Zeitraum etwa 72 mal schlägt. Das Verhältnis von Blut- zu Atemrhythmus ist demnach wie 4 zu 1.

In einer Stunde atmet der Mensch 1080mal, in der Durchschnittszeit des Aufsteigens eines Tierkreiszeichens mithin 2160mal, und innerhalb von 24 Stunden sind es approximativ 25 920 Atemzüge. Das aber ist die Zahl der Jahre, die der Frühlingspunkt braucht, um einmal den ganzen Tierkreis zu durchwandern. Man nennt dieses »Jahr« des Frühlingspunktes ein *Platonisches* oder *Weltenjahr*. *Plato* bringt diese Zahl bereits, wenn die Stelle auch dunkel ist. Die Astronomie nennt abgerundet 26 000 Jahre, kommt also der Zahl 25 920 so nahe, daß man sagen kann, sie bestätigte sie. Die genannte Zahl des Weltenjahres ist mathematisch ausgedrückt das Faktorielle der Zahl 6, wie denn unsere Zeitrechnung ebenfalls auf der »Sechs« aufgebaut ist.

Man wird kaum fehlgehen, wenn man sich so ausdrückt, daß man sagt: *Die Zahl 25 920 ist die Idee des Weltenjahres.* Wie das gewöhnliche Jahr in zwölf Monate, so wird das Weltenjahr in zwölf Weltenmonate von je 2160 Jahren geteilt. Das ist zugleich die Dauer der Kulturperioden. Man spricht vom Zeitalter des Stieres, des Widders, der Fische, des Wassermannes. Wie sich aus den Zahlen ergibt, schon aus diesem Grunde mit Recht.

In ähnlicher Weise kann man vom Jahr als einer Idee der Zahl 360 sprechen. Das Sonnenjahr hat etwas mehr als 365 volle Tage, das Mondenjahr etwas mehr als 354. Die 360 liegt somit so gut wie in der Mitte. Die fünf überschießenden Tage des Sonnenjahres hat man in den alten Kulturen durchaus als zusätzliche, neu hinzugekommene betrachtet. Sonnen- und Mondenjahr erscheinen in dieser Art als zwei sich ausgleichende Abweichendungen der Idee des Jahres, der 360.

Der Präzessionsrhythmus schwankt um Sekundenbruchteile im Verlauf eines Weltenjahres. Bei 50 Bogensekunden Durchschnittsgeschwindigkeit vergehen 72 Jahre für die Zurücklegung eines Tierkreisgrades. Nun ergeben $72 \times 360 = 25\,920$.

Da die 72 Jahre – einem Grad entsprechend – zugleich der normalen Lebensdauer des Menschen entsprechen (Unser Leben währet 70 Jahre, und wenn's hoch kommt, so sind's 80 Jahre – sagt der *90. Psalm*), hat der Mensch, wenn er seinen ihm normal gesetzten Kreis vollendet, 25 920 Tage gelebt. Das sind ebenso viele Tage, wie er an einem einzigen Tage Atemzüge hat!

(Der *90. Psalm* sagt im *3. Vers* übrigens: »Der Du die Menschen lässest sterben und sprichst: Kommt wieder, Menschenkinder.« Das bedeutet aber: Reinkarnation!)

Da die 72 Jahre einem Präzessionsgrad entsprechen, ist das Maß des menschlichen Lebens zugleich ein einziger Weltentag des Platonischen Jahres!

Diese Verhältnisse zeigen für denjenigen, der wahrhaft hören will und sich spirituellen Zusammenhängen geistig-seelisch zu öffnen bereit ist, daß eben doch ein Zusammenhang zwischen Mensch und Kosmos besteht. Wir tragen diese Rhythmen als Normen in uns, weil wir ein vorgeburtliches und nachtodliches Leben haben, in dem wir die Sphären des Kosmos »durchwandern« und deren Gesetzmäßigkeiten dem werdenden Leib eingeprägt werden:

Im Buch »Sepher Jesira«, das um die Wende des 8. nachchristlichen Jahrhunderts erstmalig schriftlich fixiert wurde, in mündlicher Tradition aber auf den Patriarchen *Abraham* zurückgeführt wird, heißt es in bezug auf die drei Mütter, die sieben Himmel mit ihren Legionen (Hierarchien) und den zwölf Grenzsteinen (Tierkreis): »Der Beweis dafür, die zuverlässigen Zeugen sind: das Universum, das Jahr, die Person (des Menschen)«; und weiter heißt es: »Der Drache (Pol der Ekliptik) ist im Universum wie ein König auf seinem Throne, die Sphäre (des Tierkreises) im Jahre wie ein König in seiner Stadt, das Herz in der Person (des Menschen) wie ein König in seinen Provinzen.« (Übersetzung nach *S. Karppe*).

Der Schlüssel astrologischer Prognose

Außer dem sogenannten »Radix«- = »Wurzel«-Horoskop kennt die Astrologie noch besonders das »progressive« (fortschreitende). Es besteht nicht für sich, sondern nur als Funktion des Geburtshoroskopes (d. i. Radixhoroskopes). Hier gilt als traditioneller Schlüssel:

1 Tag = 1 Jahr

Wie z. B. die Konstellationen des 40. Tages nach der Geburt, bezogen auf die Stellungen im Grundhoroskop, sind, gibt Auskunft über die Erlebnisse des 40. Lebensjahres usw.

Aus den vorhergehenden Kapiteln ist verständlich geworden, wie Tag und Jahr zusammenhängen, wie ein Tag zum Jahr wird. Dieser astrologische Schlüssel gründet sich auf dem Verhältnis von Blut- zu Atemrhythmus, auf dem Zahlenverhältnis von 4 : 1.

In *Hesekiel 4, 6* tönt der alte astrologische Schlüssel als Motiv an: »Denn ich gebe dir hier auch je einen Tag für ein Jahr.«

Im Tageslauf steigen alle zwölf Tierkreiszeichen (und -bilder) auf wie im Jahreslauf. Der Tag zeichnet das Jahr vor. Alle vier Minuten kulminiert ein Grad des Tierkreises. Zufolge der Schiefe der Ekliptik ist das nur in der Himmelsmitte, M. C. (medium coeli), d. h. an der »Spitze« des 10. Hauses der Fall. Deshalb erscheint es mir auch nur richtig, diese allein vorwärts zu dirigieren, und zwar mit der Größe der Sonnenbewegung des entsprechenden Tages bzw. der Anzahl von Tagen. Zu diesem progressiven M. C. gehören die anderen progressiven Häuserspitzen entsprechend der geographischen Breite, wie sie sich aus den

»Häusertabellen« ergeben. In dieses progressive Horoskop sind dann die progressiven Planeten der betreffenden Tage einzuzeichnen. Der Einfachheit halber kann man den Mittagsstand einzeichnen, wenn man bei dem M. C. einen entsprechenden Bogen berücksichtigt hat und ein progressives Ausgangsdatum errechnete. Der Laie möge diese kurzen technischen Hinweise, die sich an Astrologen richten, entschuldigen.

Meines Erachtens ist dieser sich auf Blut- und Atemverhältnisse stützende Schlüssel der einzig berechtigte. Wenn die Astrologie daneben auch den Schlüssel 1 Grad = 1 Jahr überlieferte, so scheint mir das nur eine Ungenauigkeit zu sein. Die Sonne bewegt sich ziemlich genau um 1 Grad pro Tag vorwärts (in 365 Tagen 360 Grad bei jahreszeitlich schwankender Geschwindigkeit). Diese Ausdrucksweise dürfte nichts anderes besagen als *1 Tag = 1 Jahr*. Ein Grad ist es approximativ nur für die Sonne! Mit dem Sonnenschlüssel ist das M. C. zu dirigieren.

Ein Weiteres kommt hinzu: Der *Mond* bewegt sich in etwa zweieinhalb Tagen durch ein Zeichen. *Saturn* braucht dafür ebenso viele Jahre. Ein Saturnumlauf wärt $29^{1}/_{2}$ Jahre, ein synodischer Monat (die Zeit bis zur Wiederkehr derselben Mondphase) dagegen $29^{1}/_{2}$ Tage.

Saturn und Mond stehen nach astrologischer Tradition aber in besonderem Verhältnis zum Karma! Saturn ist »Herr des Karmas«, in der Mondensphäre dagegen wird das Karma aufgenommen. *Saturn* bewahrt es, wenn auch verhüllt, im Gewissen und unter der Schwelle des Gedächtnisses. Der *Mond* dagegen bringt es über den Schutzengel zum Erleben in der »sublunaren« Sphäre, d. h. »unterhalb« des Mondes, also auf Erden! Die eigentliche Schweresphäre ist lediglich »sublunar« – oberhalb des Mondes nimmt die Schwere etwa im Quadrat der Entfernung von der Erde ab! *Sonne und Mond* sind in diesem Sinne Polaritäten: Zur *Sonne* gehört das Lichte, Leichte, das Saugend-zum-Himmel-Ziehende, zum *Mond* dagegen das Finstere (er ist ohne Eigenlicht!), Schwere, Drückende!

Da der Mond einen siderischen Umlauf in $27^{1}/_{3}$ Tagen beschreibt, durchläuft er progressiv in $27^{1}/_{3}$ Jahren das ganze Ho-

roskop und bildet dabei seine Winkel zu den Geburtskonstella-
tionen. Indem er durch die Häuser und Zeichen läuft, belebt er
gerade jene Sinneserlebnisse und Schicksalsbereiche, die durch
diese angezeigt sind. Wer das beobachtet, wird bald in der Lage
sein, die Natur der Zeichen und Häuser zu erkennen. Etwa alle
$2^1/_3$ Jahre tritt er nach diesem Schlüssel in ein anderes Tierkreiszeichen. Das Erlebnis der *Widderepoche* wird sich als ganz anders erweisen als das der *Fische*.

Eine gewisse Ähnlichkeit inneren Erlebens wird sich in dem
$27^1/_3$ Jahr-Rhythmus schon auch ergeben, nur sind dazu noch die
veränderten anderen Planeten-, Zeichen- und Häuserkonstella-
tionen zu berücksichtigen. Man muß sich auf solche Beobachtungen erst einstellen. Sie sind gerade ein positiver Wert der
Astrologie für den einzelnen: das Miterleben der Qualitäten der
einzelnen kosmischen Richtungen, die sich an den Zeichen
orientieren.

Es ist merkwürdig, wie das Schicksal »Kulissen« für das Le-
benstheater aufbaut! Ein progressiver Mond im 10. Haus bringt
besondere Erlebnisse im Berufsleben, im sozialen Aufstieg, ein
progressiver Mond dagegen im 12. Haus läßt ganz andere Kulissen des Schicksals erscheinen, nämlich solche, die der Natur *dieses* Hauses entsprechen.

Es wäre somit zu sagen, daß keineswegs Willkür auf dem Gebiet des astrologischen Progressionsschlüssels herrscht, sondern
daß sich dieser bis ins Physiologische hinein bewahrheitet. Geleugnet kann nicht werden, daß »moderne« Astrologen hier
manchen Unfug angerichtet haben. Sie durchschauen selbst die
Zusammenhänge und Grundlagen nicht. Von ihren »Kunden«
gedrängt, Ereignisse vorher genau zu bestimmen, greifen sie zu
allerlei zweifelhaften und unlogischen Methoden. Sie »erfinden«
ihren eigenen Unsinn. Es soll hier überhaupt nicht einer Horo-
skopinflation das Wort geredet werden, insbesondere nicht den
Voraussagen. Es kann in Wahrheit nichts anderes vorausgesagt
werden als die Natur, die Färbung von Erlebnissen (nach den
Planeten) und der Bereich des Schicksals, welcher betroffen wird
(nach den Häusern). Worauf es vielmehr ankommt, ist die Kenn-

zeichnung von Erlebnisperioden mit ihren Entwicklungs- und inneren Reifemöglichkeiten. Vor allem aber kommt es überhaupt darauf an, die Zusammenhänge zwischen Kosmos und Mensch konkret zu erkennen. Wendet sich die Astrologie diesen bedeutsamen Forscheraufgaben zu, so wird die Jahrmarktsastrologie bald als solche erkannt werden. In jedem Beruf gibt es Künstler, Könner und Scharlatane. Das gilt ebenso für Ärzte und Schulmeister wie für Astrologen. Jedes Fach schleppt eine gewisse Zahl von Scharlatanen mit sich herum. Das ist nicht einmal gar so tragisch. Zum Licht gehört Schatten. Man kann ihn nicht vernichten. Überall sucht sich ein Gleichgewicht herzustellen. Wer das Leben beobachtet, weiß das.

Es gibt Menschen, die sich den hier vorgetragenen Ideen willentlich verschließen. Zu dieser Kategorie könnte man mit Engelszungen reden: Es würde nichts nützen. Sie müssen karmisch eben erst durch bestimmte Erlebnisse hindurch. In diesem Leben ist es keineswegs jedem möglich, Zugang zu den hier geschilderten Welten zu finden. Neben ihnen gibt es jene, die zu schwach für klare Entscheidungen sind. Sie pendeln hin und her. Sie haben zuallererst nötig, ihre Seele zu erkraften.

Schließlich gibt es Zweifler. Sie bringen die besten Voraussetzungen mit. Begeben sie sich mit dem rechten Rüstzeug an die Arbeit, so werden sie erleben, daß vor der Wucht der Tatsachen ihre Zweifel schwinden. Rückschläge sind nur natürlich; mit der Zeit werden die unfruchtbaren Perioden jedoch immer seltener und kürzer.

Was ich völlig ablehne, ist ein Überreden. Nur das Selbstüberprüfte, Selbstbestätigtgefundene hat letztlich Bestand. Eigene Anstrengungen führen so manchen zum Ziel. Bloßes Nachreden, kritikloses Zustimmen haben keinen bleibenden Wert. *Friedrich Rückert* sagte:

>»Das sind die Weisen,
>die vom Irrtum zur Wahrheit reisen.
>Das sind die Narren,
>die im Irrtum verharren.«

Wer nicht täglich bereit ist, sein Urteil zu revidieren, seine bisherige Weltanschauung revidieren zu lassen und sie neu zu überprüfen, liebgewordene Gewohnheiten und Bequemlichkeiten des Denkens und Handelns aufzugeben, hat nicht das Zeug, auf neuen Gebieten schöpferisch zu werden.

Sehen wir uns in den Rhythmen des Kosmos um, wo dort das Verhältnis $18:72 = 1:4$ auffindbar ist, so finden wir ein solches im Verhältnis vom Mond zum Präzessionsrhythmus.

Die Sarosperiode des Mondes umfaßt 18 Jahre und 10–11 Tage. Der Schritt der Frühlingssonne von einem Weltentag zum nächsten, also von einem Grad des Tierkreises zum anderen, währt 72 Jahre.

Im Verhältnis von $18:72$ stehen mithin Mond und Sonne im Kosmos auf der einen Seite, Atem und Blutzirkulation im Menschen auf der anderen.

Jahve war es, der gemäß der Genesis dem Menschenleib den lebendigen Odem einblies. Er trägt prägnant mondische Charakterzüge. Man hat ihn sogar als Mondgott bezeichnet, was bedingt zutrifft, nicht aber sein volles Wesen erfaßt. Wie Jahve mit dem Wehen des Windes, mit dem Odem des Menschen in enger Beziehung steht, so die Sonne nach alter astrologischer Tradition mit dem Herzen des Menschen und dem Blutkreislauf. Rhythmen wie Mond und Sonne im Kosmos erweisen sich in dieser Art als auch im rhythmischen System des Menschen vorhanden.

Nur durch eine vorgeburtliche Existenz in den kosmischen Sphären ist dies erklärbar. Ein äußerer Einfluß von Mond und Sonne in der Art, daß er den Anstoß dafür gäbe, daß das Verhältnis von Atem zu Blut gerade so wie angegeben entsteht, kann nicht angenommen werden.

Auch die weibliche Periode ist heute nicht mehr von den Mondphasen von außen her bedingt, sondern vielmehr ein verinnerlichter Mondenrhythmus.

Der Übereinklang von menschlichem Innen- und kosmischen Rhythmus ist nur noch in seiner zeitlichen Länge, nicht aber mehr in Übereinstimmung mit der äußeren Konstellation vorhanden.

Es besteht andererseits eine Neigung im menschlichen Leib, in die alte Abhängigkeit zurückzufallen, sich den kosmischen Strömen wieder hinzugeben. Es ist klar, daß darunter Freiheit und Eigensein zu leiden haben würden. Auf der anderen Seite entstünde die Seligkeit des vom Kosmos Getragenseins.

Einen Beweis für die erwähnte Neigung der Leibesfunktionen liefert die wissenschaftliche Statistik. Professor Dr. *Werner Menzel*, Hamburg, schreibt in der Zeitschrift »Universitas« 1948/5 in seiner Arbeit »Die Rhythmik im Leben des Menschen«: »...Auch die Häufung von Menstruation und Geburt zur Zeit von Neumond und Vollmond ist statistisch gesichert.« Hebammen und Landleute an der Wasserkante wissen darüber besonders gut Bescheid. Wasser vermittelt die kosmischen Strömungen. Je weiter landeinwärts, desto mehr läßt z. B. das Übereinstimmen der Zeit des Kalbens mit der Flut nach.

Eine besondere und noch recht junge Wissenschaft ist diejenige, die sich mit dem Eigenrhythmus der Organe befaßt. Dabei gibt es tägliche und jährliche Rhythmen. Sie sind ein Beweis dafür, wie die inneren Organfunktionen die tägliche Erdumdrehung (Rotation) und deren Jahresumlauf (Revolution) rhythmisch mitmachen.

Bis in die Zeit des *Kopernikus* hatte man die Vorstellung der stillstehenden Erde. Die Sinne zeigten, daß es die Sonne war, die sich um die Erde bewegte. Innerlich merkte der Mensch von den Erdbewegungen nichts, weil sie im Menschen aufgehoben wurden. Erst die Wissenschaft des Gedankens ergab andere Resultate, die sich gegen die der Sinne absetzten.

Forsgren wies 1929 nach, daß die Leberfunktion einem Rhythmus unterworfen ist. Er sagt in seiner Arbeit »Über die Rhythmik der Leberfunktion«: »Die Beobachtung, daß die Leberfunktion 24-Stunden-Variationen unterworfen ist, spricht dafür, daß die Leber astronomischen Faktoren unterworfen ist, da ja der 24-Stunden-Tag ein astronomischer Begriff ist.«

Dr. *Günther Wachsmuth* faßt in seinem Werk »Erde und Mensch« (Archimedes Verlag, Zürich) die neuesten Forschungen dieser Art für Pflanze, Tier und Mensch zusammen. Er stellt

Maximum und Minimum der zentrifugalen, sekretorischen Phase und der zentripetalen assimilatorischen Phase gegenüber.

Täglich ergibt sich in der Phase gegen 15 Uhr:
Maximum der Ausscheidungstätigkeit von Leber und Nieren
Maximum der Entleerung der Leber (Glykogen-Mobilisation)
Maximum der Gallenproduktion und Sekretion
Maximum der Harnabsonderung

Minimum der Glykogenablagerung in der Leber
Minimum der Fettresorption in der Darmwand.

Polar dazu steht die Phase um 3 Uhr morgens:
Maximum der Glykogenablagerung in der Leber
Maximum der Fettresorption in der Darmwand
Maximum der Blutanreicherung in Lungen und Beinen
Maximum der Wasserretention im Blut
Maximum der Verengung der Kapillargefäße u. a. m.

Minimum der Gallensekretion
Minimum der Wasserausscheidung
Minimum der Herz- und Pulsfrequenz

Minimum des Blutdruckes
Minimum des Blutkreislaufes
Minimum der Körpertemperatur
Minimum des Stoffwechsels u. a. m.

Das hat sehr reale Folgen. Es ergeben sich nämlich Kollaps- und emboliebedrohte Stunden, Stunden in denen Geburtswehen besonders häufig auftreten. Prof. *Menzel* weist in diesem Zusammenhang darauf hin, daß auch die Wirksamkeit von Medikamenten rhythmisch schwankt. Nach dem Wilderschen Ausgangswertgesetz ist ein Reiz um so wirksamer, je tiefer der Anfangswert der zu beeinflussenden Funktion liegt. Verständlich wird damit, daß Medikamente, wie z. B. Insulin, in Kenntnis der Organrhythmik zu bestimmten Stunden besser wirken als zu anderen.

Es ist ein alter astrologischer Grundsatz, daß alles seine Stunde hat. Das kann man auch im Neuen Testament lesen. Dort ist Wert darauf gelegt, die Stunde bestimmter Geschehnisse festzuhalten (z. B. »Es war um die 4., um die 6., um die 9. Stunde« usw.) – damit werden Geschehnisse auf Erden in kosmischen Zusammenhang gebracht.

Die Organe haben somit einen Eigenrhythmus, der sich dem der Erde in unterschiedlicher Art einpaßt. *A. Jores* weist in »Endokrines und vegetatives System in ihrer Bedeutung für die Tagesperiodik« (Deutsche Medizin. Wochenschrift, 1938) nach, daß z. B. der Hormongehalt in der Hypophyse (Gehirnanhang) und im Blut tagesperiodischen Schwankungen unterworfen ist. Er spricht von Vorherrschaft gewisser Organe bei Tag, anderer bei Nacht. So sind:

Nachtvorherrscher		*Tagvorherrscher*
Hypophyse	—	Nebenniere
Vagus (Lungen-Magen-Nerv)	—	Sympathicus
Lunge	—	Herz
Leber	—	Galle.

Worauf weisen denn nun solche Tages- und Nachtherrscher? Die alte Astrologie spricht von ihnen! Sie kennt solche in bezug auf die Planeten und ihre Stunden!

Es ist recht merkwürdig, in welcher Art die modernsten Zweige der Naturwissenschaft zu metamorphosierten astrologischen Begriffen kommen! Es bedarf nur noch einiger weiterer Erkenntnisse und Schritte, um auch planetarische Tages- und Nachtherrscher »hoffähig« zu machen.

Ein Vorwurf, der der Astrologie bisher so gut wie nicht gemacht wurde, ist jener, daß sie die Erdeneinflüsse nicht berücksichtige. Und die Erde ist doch auch ein Stern! Ein solcher Vorwurf wäre nämlich der am meisten berechtigte. Daß die Astrologie die Erde zu wenig kennt, ergibt sich aus ihrer Herkunft. Erst allmählich lernen wir sie in unserem jetzigen Zeitalter kennen, wo uns Gewalten so tief an die Erde herandrücken, daß wir unsere himmlische Heimat darüber fast vergessen!

Wieviel kennen wir denn aber schon von unserer Erde?

Genau kennen wir von ihrer Atmosphäre etwa 15 km. Mit großer Wahrscheinlichkeit können wir Aussagen über etwa 80 km Höhe machen.

Die Gesteinsrinde der Erde wird mit 16 km angenommen. Ihre Tiefe entspricht also gerade dem uns bekannten Teil der Erdatmosphäre bis etwa zur Stratosphäre. Die tiefsten Bohrlöcher aber brachten uns bisher nicht über 3 km in die Erde hinein! Ihr Inneres kennen wir noch gar nicht. Darüber haben wir nur sich widersprechende Hypothesen! Es geziemt uns also Bescheidenheit.

Der kosmische *Osiris*, einst in der Sonne mit der Seele erlebt, ward zerstückelt. Die Teile wurden in der Erde vergraben. Welch großartiges Bild ist das doch für den Vorgang des Versinkens kosmischer Kräfte in den Leib der Erde. In der Tat müssen wir berücksichtigen, daß der ganze Sternenumkreis in die Erde hineinwirkte, besonders als sie noch nicht erstarrt war, und aus ihr wieder zurückstrahlt. Es kommen uns auch aus der Erde kosmische Kräfte zu. Die Astrologie beurteilt Planeten unter dem Horizont anders als solche über ihm. Planeten, die erst durch das Medium Erde hindurchwirken, haben nicht dieselbe Intensität. So wird ein Jupiter über dem Horizont ein klareres Denken zeigen als ein solcher unter ihm, der verträumte Züge in die Gedanken bringt.

Nicht nur die Erde ist für uns heute noch ein vielfach unbekanntes Wesen. *Alexis Carrel* schrieb ein Buch, betitelt: »Der Mensch, das unbekannte Wesen« (Deutsche Verlagsanstalt, Stuttgart). Er zeigt darin auf, daß wir immer noch vom Menschen nichts wissen. Wir haben den Menschen noch zu entdecken! Damit müssen wir in manchem unsere Anschauungs- und Arbeitsmethoden ändern. Die Naturwissenschaft, besonders die

Astronomie als deren Bahnbrecherin, hat den Menschen geradezu aus dem Weltbild hinausgeboxt! Ich glaube, daß man *Protagoras* wieder in seine Rechte einsetzen muß: »Der Mensch ist das Maß aller Dinge«. Er ist eben ein wahrer Mikrokosmos! Sein Leib, seine Lebensprozesse mit ihren Rhythmen sind kosmische Modelle! Aus diesem Modell dürfen wir die wahren kosmischen Maße suchen, freilich ohne zu spekulieren! Aber: Alle Verhältnisse, durch die die Erde hindurchgegangen ist, müssen wir auch im Menschen finden!

Die im vorhergehenden erwähnten Phasen von 15 und 3 Uhr Ortszeit werden durch die von 21 und 9 Uhr ergänzt. Sie hängen mit dem Tagesatem der Erde zusammen. Von einem solchen darf man in der Tat sprechen. Schon *Goethe* war 1818 das Steigen und Fallen des Barometers um 9 Uhr früh und abends um die gleiche Zeit bekannt, also eine am Barometer ablesbare Doppelschwingung. Er charakterisiert sie als ein »regelmäßiges Ausdehnen und Zusammenziehen«.

Es ist hier nicht möglich, auf die Einzelheiten noch näher einzugehen. Es muß auf die umfassende Arbeit von *Wachsmuth* (a. a. O.) verwiesen werden. *Jores* (Ergebnisse der inneren Medizin) weist jedenfalls auch auf ein Maximum der Ausscheidung zwischen morgens 7–10 Uhr hin, und zwar an: Stickstoff, Harnstoff, Harnsäure, Chlor, Kreatin, Aminosäuren. Es gibt die »morgendliche Flut«, die allgemeine Flut der Ausscheidung in allen biologischen Prozessen, welche vom Kraftfeld der Erde ausgehend für alle Organismen von Pflanze, Tier und Mensch Geltung hat.

Im Blutkreislauf des Menschen zeigt sich die 21-Uhr-Phase deutlich nach den Forschungen von *Kroetz* (»Der 24-Stunden-Rhythmus der Kreislaufregulation«). Er sagt: »Die Größe der Tagesschwankungen des Venendruckes hat uns geradezu überrascht.« Dieser steigt vormittags an und erreicht seinen Höhepunkt nach 21 Uhr. Der Blutkreislauf hat seinen Umschwung wie der Erdenrhythmus.

Einem Maximum der Körpertemperatur gegen 21 Uhr steht anschließend ein steiler Abfall gegenüber.

Man hat zu beachten, was an Kräften und Strömungen aus dem Kosmos auf die Erde wirkt, und dasjenige, was an besonders Eigenhaftem in den Kosmos kraftet.

Soviel möge angedeutet sein, daß die Erde sich als lebendiger Organismus dadurch erweist, daß sie eigene Atemrhythmen und Stoffwechselprozesse zeigt! *Wachsmuth* (a. a. O.) sagt: »Die alte Streitfrage, ob der Mensch frei oder unfrei sei, ist nicht generell zu beantworten, sondern nur aus den Abstufungen zu erkennen, in denen die niederen Naturreiche in ihm noch oder nicht mehr dominieren. Auch bedeutet Mitleben im Rhythmus der Umwelt noch nicht Unfreiheit, wenn wir diese Periodik in unserer Kräftewelt durchschauen, ihre Phasen uns dienstbar machen, Kräfteanreicherungen ausnützen und den Wechsel von Stärkung und Schwächung im eigenen Kraftleib unserem Lebens- und Arbeitsduktus bewußt einordnen.«

Das aber ist dasselbe, was die Astrologie anstrebt. Nur ist ihr Gesichtsfeld noch wesentlich erweitert.

Jeder Morgen ist eine Art Ostern, ein Widdererleben, jeder Abend ein Herbst, ein Waageerlebnis. Jeder Mittag ist ein Sommer, jede Mitternacht ein Weihnachtserlebnis. Der Tag ist ein Jahr im kleinen.

So sehr und gewichtig man nun auch feststellen kann, daß der Tagesatem der Erde (auch von einem Jahresatem kann man sprechen) eine terrestrische (den Erdkörper betreffende) Angelegenheit des eigenen planetarischen Organismus ist, muß man doch die Frage aufwerfen, wieso gerade zu den genannten Uhrzeiten (3 – 9 – 15 – 21 Uhr) die Wendestunden im Rhythmus liegen. Diese Frage vermag die Naturwissenschaft noch nicht zu beantworten. Die Astrologie aber kann dafür einen Anhaltspunkt geben.

Figur 11 zeigt das Urschema, wie es praktisch nur bei Tag- und Nachtgleiche gegeben ist. Die alten Israeliten zählten ihre Tagesstunden von 6 bis 18 Uhr. Einmal, im »paradiesischen Zeitalter« der Erde, gab es keine Jahreszeiten, sondern »ewigen Frühling«. Eine Schiefe der Ekliptik müßte dann erst später eingetreten sein.

Dieses normale Maß der gleichmäßigen Länge von Tag und

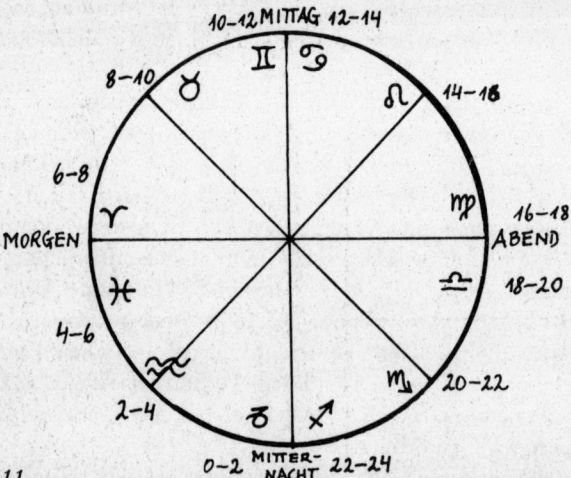

Fig. 11

Nacht, wie es noch in der alt-israelitischen Stundenzählung üblich war und uns in dem Evangelium deutlich vor Augen tritt, ist ein Rhythmus, wie er der Erde vom Kosmos eingeprägt wurde und sich dann zum individuell irdischen abwandelte. Nehmen wir das als Hypothese. Dann sehen wir, wie z. B. die 9. Stunde = 15 Uhr, zu der der Tod Jesu am Kreuz eintrat, mitten in den Löwen fällt, der das Herz bildete. *Die Zeichen der Sphinx: Löwe, Stier, Wassermann und Skorpion (Adler!)* bilden genau jene Stunden, in denen die Wenden im täglichen Atemrhythmus des Erdenorganismus stattfinden. Sie repräsentieren nicht nur die Entwicklung des Menschen, sondern auch die Weltenseele. Es sind die vier Zeichen, die auch den vier Evangelisten zugeordnet sind.

Wenn wir noch ein zweites Schema hinzufügen (Figur 12) und dann beide in eines hineinschieben, wäre das ein Bild dafür, wie sich der Tagesrhythmus in den des Jahres hineinschiebt. Wieder würden wir dasselbe Kreuz von Stier – Löwe – Skorpion – Wassermann erhalten.

Zeichnen wir die zwölf Häuser hinein, so kämen wir wieder zu der schon in diesem Buch erwähnten Verwandtschaft derselben

122

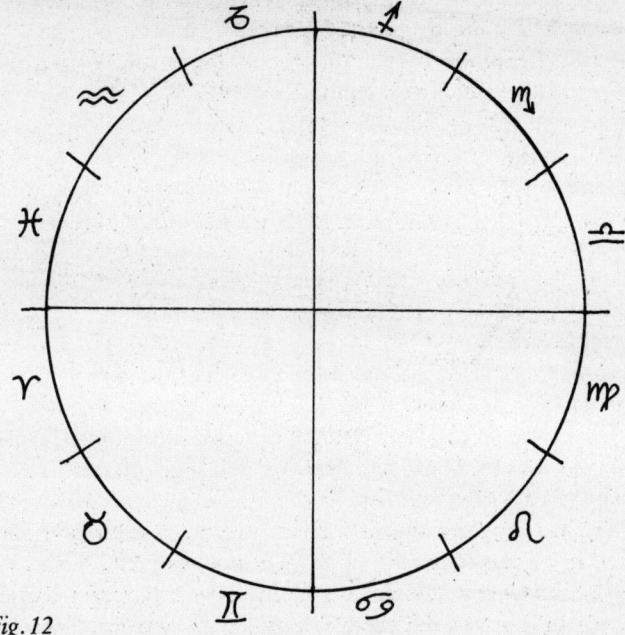

Fig. 12

zu den zwölf Zeichen. Den Löwen finden wir im 5. Haus. Im Tagesrhythmus der Erde haben wir da – von der Wissenschaft gefunden – das Maximum des Blutdruckes! Was sagt das anderes, als daß vom Löwen her Welt, Erde und Mensch zum ersten Herzschlag kommen, daß der Kreislauf des Lebendigen in diesem sonnenhaften Zeichen beginnt und endet. Nicht endet er in einem Gleichbleibenden, sondern in einem Gipfel, einem Maximum, um nach Erreichen desselben steil abzufallen, d. h. einen neuen Umschwung zu beginnen. Jetzt erarbeite sich der interessierte Leser nochmals die »Bedeutung« der Häuser. Von der Erde aus findet die Wissenschaft Dinge, die vom Kosmos her in alter Weisheit gewußt wurden. Der eigene Erdenrhythmus hat seinen Urrhythmus eben doch vom Kosmos her erhalten, in urferner Vergangenheit. Nicht nur dem Menschen ist der lebendige

123

Odem eingeblasen worden, der Planet Erde hat auch seinen eigenen Rhythmus aus kosmischen, größeren Zusammenhängen.

Das 8. Haus finden wir für die Doppelstunde von 14–16 Uhr. *Skorpion* ist das Todeszeichen. Im November des Jahres, in der Tagesstunde von 2–4 Uhr nachmittags ist er anwesend. *Skorpion* und *Löwe* schieben sich in diesem Bilde ineinander: der Stachel des Todes in das Herz der Welt und des Menschen. Das ist die Stunde, zu der Jesus am Kreuz starb. Im Tagesrhythmus hat die Erde zwischen 2 und 3 Uhr nachmittags voll ausgeatmet, die Einatmung beginnt. Die Erde begann auf Golgatha den Christus einzuatmen, ihn als neuen Herrn und Sinn der Erde und der Welt zu empfangen…

Damit erfolgte die große Wende im Leben der Menschheit. Bis zu jener Stunde war der Mensch Empfangender, kosmische Kräfte wirkten in Erde und Mensch mehr hinein als hinaus. Von da ab ist das Schwergewicht in den Menschen gelegt, ihm ist das Wort überantwortet worden. An ihm liegt es jetzt, zu sprechen, die Geschenke des Kosmos zu erwidern, mit den in ihn gelegten Pfunden zu wuchern.

Die Sterne verstummten, die Götter entschwanden wie die Sterne vor dem Glanz der Sonne. Einst lag alles bei den Göttern, jetzt liegt es beim Menschen selber, aus sich, aus der verinnerlichten Sonne eine neue Welt zu schaffen!

Hohe Schule der Astrologie

Eine astrologische Grundregel lautet: »*Wie oben, so unten*« (wie in den Himmeln also auch auf Erden). Sie wird auf *Hermes Trismegistos* zurückgeführt. Von ihr leiten sich alle »Entsprechungen« ab. Da nichts auf Erden ist, was nicht aus der Peripherie der kosmischen Sphären oder richtiger von deren höheren Wesen geschaffen wurde, kann es auch nichts geben, was nicht auf seinen Schöpfer zurückgeführt werden könnte. Die Astrologie macht es sich nicht so bequem, daß sie den allerhöchsten Gott für alles und jedes bemüht; sie kann vielmehr die Entstehung aller Dinge und Wesen noch ein »Stück«, nämlich bis ins Astrale zurückverfolgen. Erst danach entschwindet ihr der Ursprung im Geistigen. Mit vollem Recht weist sie auf »Entsprechungen« hin. Andererseits ist richtig, daß sie dies nicht immer geistreich tut, sondern sich in Spekulationen verliert. Sie hat eben den »Ariadnefaden« verloren.

Eine andere Regel, die »*Trutina Hermetis*«, soll uns hier beschäftigen. Auch sie wird auf Hermes zurückgeführt. Nachweisen kann man sie bis ins 8. vorchristliche Jahrhundert. Ihre schriftliche Fixierung besagt jedoch nichts über ihr wahres Alter.

Diese Regel der »*Waage des Hermes*« stellt eine errechenbare Beziehung zwischen dem Moment der Geburt und dem der Empfängnis fest. Zur Zeit der Empfängnis wird der Ätherleib (Bildekräfteleib) des zur Erdengeburt sich anschickenden Menschen in der Mondensphäre aus dem gesamten Umkreis gebildet, zusammengezogen.

Die Regel besagt:

1. Der Mondort des Geburtsortes im Augenblick der Geburt

war Aszendent oder Deszendent im Moment der Empfängnis *(Tor des Mondes).*

2. Der Mondort im Augenblick der Empfängnis ist Aszendent (Osthorizont) oder Deszendent (Westhorizont) des Geburtshoroskopes *(Tor der Erde).*

Der Tag der Empfängnis wird so ermittelt, daß 10 siderische Mondumläufe = 273 Tage als Durchschnitt genommen werden. Durch vier mögliche Stellungen des Mondes bei der Geburt wird bestimmt, ob die Schwangerschaft länger oder kürzer als 273 Tage war:

a) Mond *zu*nehmend und *über* dem Horizont: Schwangerschaft kürzer als 273 Tage,

b) Mond *zu*nehmend und *unter* dem Horizont: Schwangerschaft länger als 273 Tage,

c) Mond *ab*nehmend und *über* dem Horizont: Schwangerschaft länger als 273 Tage,

d) Mond *ab*nehmend und *unter* dem Horizont: Schwangerschaft kürzer als 273 Tage.

Ist der Mond bei der Geburt zunehmend, so war der Mond Aszendent des Empfängnishoroskopes, ist er bei der Geburt abnehmend, so war er Deszendent.

Die Tagesanzahl, um die die Schwangerschaft länger oder kürzer war, ergibt sich aus dem Abstand, den der Mond im Geburtshoroskop vom Osthorizont (wenn er zunehmend), vom Westhorizont (wenn er abnehmend ist) hat. Diesen Abstand zu durchmessen, hätte der Mond eine Anzahl von Tagen gebraucht. Der ermittelte Abstand in Bogengraden (in Länge gemessen) ist durch 13 als der Zahl der durchschnittlichen Tagesbewegung des Mondes zu teilen.

Die Geburt kann erst stattfinden, wenn das Tor geöffnet ist: wenn diejenige Region des Tierkreises aufgeht (bzw. bei abnehmendem Mond untergeht), an der der Mond im Moment der Konzeption stand. Zwischen Mond und Horizont besteht eine bestimmte Beziehung. Durch das Tor des Mondes muß der Ungeborene zur Erde. Der *Osthorizont ist das Tor der Erde.*

Diese Regel versteht sich für Normalgeburten von neun Sonnenmonaten = 10 siderischen Mondmonaten. Für Siebenmonatskinder kann sie entsprechend angewendet werden.

Man kann natürlich einwenden, daß Zangengeburten oder ärztliche Eingriffe eine Geburt verfrühen können. Da gibt es zwei Möglichkeiten: Entweder ist der Eingriff karmisch bedingt, dann stellt er das richtige Horoskop her, oder der Eingriff des Arztes verhindert das Übereinstimmen des Horoskopes mit dem Schicksal, weil es auf einen unrichtigen Moment erstellt wird. Es besteht die Möglichkeit der Verwirrung des Karmas. Um das im Einzelfall zu entscheiden, müßte man bereits über die »clairvoyance« verfügen, die heute noch nicht wieder allgemeine Gabe ist. Die Sache kann mithin zur Zeit nicht entschieden werden.

Ein anderer Einwand ist der, daß es schwer ist, Nachprüfungen vorzunehmen. Das ist zuzugeben.

Mir liegt ein einziger Fall vor, der umständehalber völlig exakt ist.

Der bekannte Verfasser der »Tagebücher aus Asien«, Freiherr Dr. *Hans-Hasso von Veltheim-Ostrau,* hat mir liebenswürdigerweise erlaubt, diesen Fall hier anzuführen.

Als ich mit diesem verehrten Freunde über die hermetische Regel sprach, forderte er mich auf, ihm aus den Geburtsdaten seiner einzigen Tochter das Datum der Konzeption zu bestimmen. Das tat ich schriftlich. Den Brief seiner Bestätigung habe ich wohl aufbewahrt. Er enthält seinen Glückwunsch zur richtigen Ermittlung dieses Datums! Ich glaube, daß das Wort »Zufall« hier völlig ausscheidet. Der Baron hat die Geburt seines Kindes mit der Uhr genau ermittelt. Da die Tochter während des Krieges verstarb und die Zeit des Todes bekannt ist, ergibt sich hier ein seltener Fall, der für jeden astrologischen Forscher von allergrößtem Interesse sein muß: *Empfängnis, Geburt und Tod liegen minutiös fest.*

Zu meiner eigenen Überraschung ergab sich eine völlig exakte Bestätigung der Regel! – Die drei Himmelsbilder seien in diesem Zusammenhang hier wiedergegeben (Fig. 13). Die Daten sind:

Konzeption: am 27. 6. 1919; 23 Uhr MEZ
Sternzeit: 16 h 56′ 34″; Ort: Stuttgart
Geburt: Karfreitag, am 2. 4. 1920; 10 Uhr 2 Min. MEZ
Sternzeit: 22 h 30′ 6″; Ort: München
Tod: 11. 2. 1940; 15 Uhr 40 Min. MEZ
Sternzeit: 0 h 48′ 33″; Ort: München.

Für die progressiven Planeten gilt das Ausgangsdatum: Mittagsstand der Planeten vom

 3. 4. 1920 entspricht progressiv 17. 5. 1921
 4. 4. 1920 entspricht progressiv 17. 5. 1922
20. 4. 1920 entspricht progressiv 17. 5. 1938
22. 4. 1920 entspricht progressiv 17. 5. 1940

Der Aszendent (Osthorizont) der exakt ermittelten Minute der Geburt ist 5 Grad 49 Minuten Krebs. Der Mond stand im Augenblick der Konzeption – aufgrund der Regel ermittelt – in 5 Grad 48 Minuten Krebs.

Von der Empfängnis aus gesehen, konnte die Geburt nur in einem Augenblick erfolgen, in dem der Osthorizont des Geburtsortes auf die Stelle des Tierkreises zeigt, in dem der Mond während der Konzeption stand.

Der erste Schrei des Kindes erfolgte 10 Uhr 2 Minuten, das Durchschneiden der Nabelschnur drei Minuten später.

Eine ärztliche Kapazität stellte am 10. 7. 1920 die Diagnose, daß das Kind Unregelmäßigkeiten in beiden Hüftgelenken habe. Es sollte sich um Vererbung dieser Anlage von der Mutter her handeln. Im März 1921 erweist eine Röntgenaufnahme, daß der Knochenbau völlig normal sei. Eine solche Fehldiagnose hatte jedenfalls die Astrologie nicht gestellt, denn dafür zeigt das Geburtshoroskop keine Grundlage.

Astrologisch interessant ist aber, daß im Juli 1920 der progressive Mond in das Zeichen der Waage tritt. Der Waage entsprechen die Hüften! Als der progressive Mond dann im März 1921 in der Mitte dieses Zeichens stand, ergab sich zur Freude der bis dahin durch die medizinische Fehldiagnose tief bedrückten und betrübten Eltern, daß der Knochenbau des Kindes normal war. Normal wuchs es heran. Das Auf und Ab der Waagschalen zeigt auf moralischem Gebiet Seelenstürme. Leid wird durch Freude abgelöst. Das allererste Waageerlebnis des Kindes löste sich in den Seelen der Eltern aus. Das Horoskop zeigt durch die Waage, auf welchem Gebiet die Auslösung eintritt.

Bei dieser Gelegenheit ist zu sagen, daß man diese Art des Waageerlebnisses nicht voraussagen kann, weil es eben durchaus mehrere Möglichkeiten einer Auslösung gibt. Immer aber muß das Symptomatische des Zeichens und Hauses deutlich werden. Das wieder ist der Grund dafür, daß astrologische Voraussagen viele Möglichkeiten angeben und dadurch nicht gerade klar sein können! Die Astrologen müssen Prognosen überhaupt einschränken und nur auf das Symptomatische, auf die Färbung von Zeitepochen hinweisen. Damit würde den Scharlatanen, die auf Geld spekulieren, viel Boden entzogen.

Während der progressive Mond durch das letzte Drittel der Waage läuft, bereitet sich die Scheidung der Eltern vor. Wiederum ist das symptomatisch für das Zeichen der Waage, denn sie hängt mit »Ehe« zusammen.

Das Waageerlebnis, gekennzeichnet durch den Lauf des progressiven Mondes durch die Waage (nach dem alten Schlüssel: 1 Tag = 1 Jahr), erweist sich durch die symptomatischen Ereignisse als Folgendes betreffend:

Hüftregion, Seelensturm des Auf und Ab von Leid, Hoffnung, Verzweiflung und Freude, projiziert vom Objekt »Kind« in die Seelen der Eltern und drittens auf das Seelenleben der Eltern, das Rückwirkung auf das Leben des Kindes hat.

Der Vater führt ein Tagebuch über das Leben des Kindes. Alle erwähnten Ereignisse sind mit seiner gütigen Erlaubnis diesem entnommen. Im Rahmen dieser Arbeit kann aber nicht auf Details eingegangen werden.

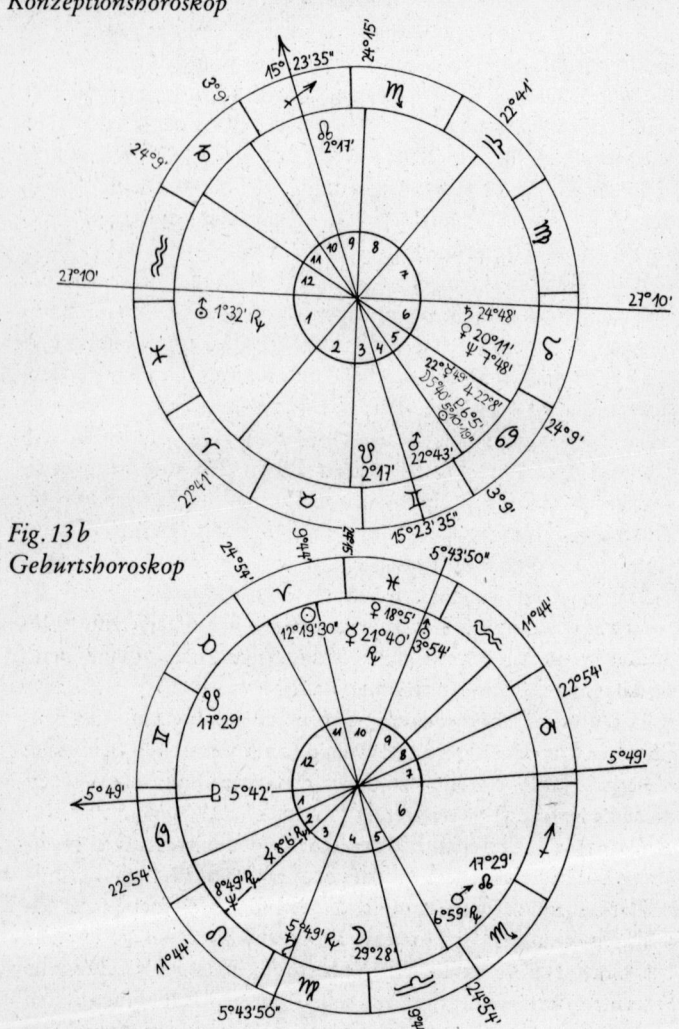

Fig. 13a
Konzeptionshoroskop

Fig. 13b
Geburtshoroskop

130

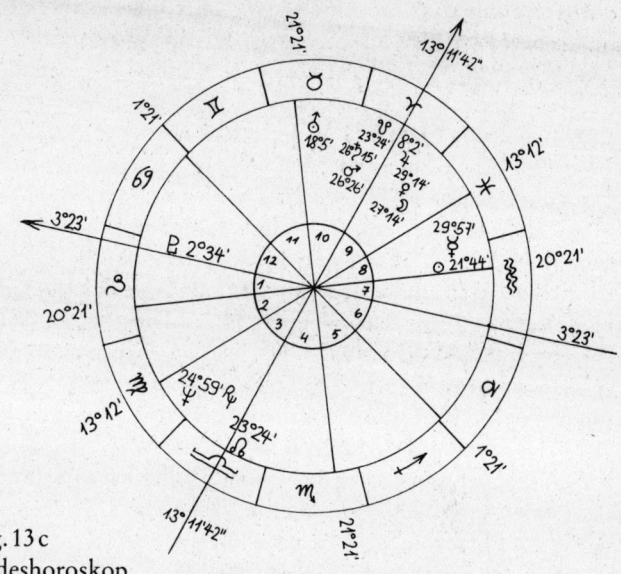

Fig. 13 c
Todeshoroskop

Erwähnt sei zunächst noch folgendes Erlebnis. Im Januar 1922 entdeckt das Kind den eigenen Schatten und spielt mit ihm. Es schläft zu dieser Zeit auffallend unruhig und weint im Schlaf. Das hört am 11. 2. 1922 wieder auf. Was lag astrologisch vor? Der Drachenschwanz (unterer Mondknoten) ging als »Transit« über die Sonne (radix). Damit hängen alle Sonnen- und Mondfinsternisse zusammen! Was das Kind innerlich erlebte, machte ihm Angst. Draußen in der Welt erlebte es seinen Schatten, in der Seele laufen Schattenerlebnisse parallel!

Der untere Mondknoten erreicht am 30. 4. 1923 die Venus (radix). Das Gefühlsleben (Venus) wird dadurch tief betroffen, daß der Großvater des Kindes (mütterlicherseits) die Scheidung der Eltern fordert.

Es ist lehrreich, wie andere Personen handelnd auftreten, um das veranlagte Schicksal des Kindes zu erfüllen.

Ein Saturntransit in Opposition zur Sonne kündet in der zweiten Oktoberhälfte 1922 die Entfremdung vom Vater an.

Am 28. 1. 1924, 10 Uhr 20 Minuten MEZ findet die Scheidung der Eltern statt.

Auf interessante Einzelheiten, die sich deutlich in den Sternen zeigen, muß hier leider verzichtet werden.

Es sei nur noch gesagt, daß die Tochter sich am 15. 9. 1938 verlobt; die Hochzeit fand am 10. 12. 1938 statt. Am 1. 2. 1940 um 13 Uhr 30 Min. MEZ gebiert sie in München einen Sohn. Am 10. 2. 1940 früh 7 Uhr mußte sie wegen einer Bauchfellentzündung operiert werden. Brustfellentzündung folgte. Der Tod trat dann am Sonntag, den 11. 2. 1940, zu der oben angegebenen Stunde ein. Das Todeshoroskop ist zugleich das Geburtshoroskop für das Leben nach dem Tode. Die spätere Astrologie wird dem Todesmoment erhöhte Bedeutung zumessen müssen!

Ernsthaften astrologischen Forschern glaube ich mit diesen Horoskopen wertvolle Anhaltspunkte in die Hand gegeben zu haben. Zu hoffen wäre, daß weitere gleicherweise exakte Daten für Konzeption, Geburt und Tod zur Verfügung gestellt werden können. Mir ist voll bewußt, daß ein Fall, wenngleich er die hermetische Regel in wunderbarer Weise bestätigt, nicht als Beweis gelten kann. Soviel aber mag er uns doch lehren: Man kann diese Regel nicht leichterhand abweisen. Die Astrologie hat eine Mitgift, die sie der Wissenschaft zu schenken hätte! Heute ist die alte *»Königin der Wissenschaften«* – wie sie einst genannt wurde – noch im Gewande des Aschenbrödels. Päpste, Kaiser und Könige haben ihr einst gehuldigt – und das ist noch nicht so lange her! Heute beschmutzen sie Gaukler und Scharlatane. Echte Liebhaber aber erkennen im Aschenbrödel eine Königin des Himmels! Ein Kuß wird sie einst wieder erwecken!

Präzessionsrhythmus und Kulturperioden

Vielfältig und häufig sind die Versuche, den Rhythmus der zwölf Weltenmonate des Platonischen Weltenjahres von 25 920 Jahren mit dem Fortschreiten der Kultur in Beziehung zu setzen. Es wurde schon ausgeführt, daß nach astronomischen Berechnungen der Pol des Äquators in einer Periode von rund 26 000 Jahren einen Kreis mit einem Radius von 23° 27' um den Pol der Ekliptik beschreibt. Es wurde weiter darauf hingewiesen, wie sich diese Zahl in dem täglichen Atmen des Menschen und der Anzahl der Tage des biblischen Lebensalters wiederfindet. Zwischen den Rhythmen des Menschen und denen des Kosmos bestehen, wie wir immer wieder feststellen können, greifbare Beziehungen.

Recht deutlich wird die astronomische Beziehung zu dem Kulturkreis von Chaldäa–Babylon–Ägypten und der nachfolgenden *Epoche des Widders oder Lammes,* wie im Alten Testament deutlich wird. Schließlich erscheint gerade im Übergang des Präzessionsrhythmus vom Widder zu den Fischen die Bezeichnung des *Christus Jesus* als Fisch. Er wird sowohl als *Opferlamm* wie als *Fisch* gezeichnet.

Aus diesen Umständen ergibt sich durchaus eine Zulässigkeit für die Beziehungen zum Weltenrhythmus der Präzession.

Der Einwand, daß die Präzession erst seit Hipparch bekannt sei, kann nicht gelten. Zunächst spricht manches dafür, daß der Rhythmus schon den alten Chinesen und wahrscheinlich auch in vielen alten Mysterien bekannt war, in denen esoterisches Wissen streng gehütet wurde. Mit *Hipparch* ist die Kenntnis öffentlich geworden. Aber selbst wenn dem nicht so wäre, kann der

Einwand nicht angenommen werden. Es ist nämlich durchaus nicht erforderlich, daß der Rhythmus gewußt wurde. Gerade wenn es sich um kosmische Inspirationen handelte, wirkte er über das Unbewußte, das unbewußte Willensmäßige, das Vorstellungsbilder erst hervorruft. Warum gerade so bestimmte Vorstellungen zu bestimmten Zeiten auftreten, braucht der Mensch nicht gewußt zu haben. An den Tatsachen müssen wir uns orientieren; wir dürfen sie nicht negieren, weil wir sie zunächst nicht verstehen.

Heute geht es darum, das Unter- und Unbewußte in das Licht des Bewußtseins zu rücken. Der Zeitgeist ist es, der als wesenhafte Realität, über dem Menschen stehend, erkannt werden muß. Er bedient sich der unbewußten dunklen Willensströmung des Menschen, die er in den Dienst der göttlichen Absichten stellt.

Unter der Wucht der Tatsachen hat man es sich zunächst einfach gemacht und – wie etwa *Hermann Wirth* – gesagt, die Zeit von 4000–2000 v. Chr. sei die des Stieres, die von 2000 bis zur Zeitenwende die des Widders, welcher sich dann wieder 2000 Jahre lang die Zeit des Fisches anschließt.

Nun wurde schon darauf hingewiesen, daß die Länge der sichtbaren Tierkreisbilder verschieden ist. So mißt der Stier rund 37, der Widder fast 25, die Fische wieder messen 37 Grad.

Die Dauer des Schreitens der Frühlingssonne durch die einzelnen Bilder ist demnach verschieden lang. Um den *Stier* zu durchwandern, braucht der Frühlingspunkt 2644 Jahre, durch den *Widder* bewegt er sich 1780, durch die *Fische* 2667 Jahre. Das können auch nur approximative Zahlen sein, denn die Grenzen der Bilder sind nicht haarscharf abgetrennt. Ich habe mich an die Vereinbarung internationaler Astronomen von 1929 gehalten. Damals einigte man sich aufgrund bester Messungen auf bestimmte Grenzen, die annähernd mit den historischen übereinstimmen. Man muß aus diesen Gründen für die Angrenzungen einen gewissen Umkreis gelten lassen. Da die Frühlingssonne 72 Jahre zum Durchlaufen eines Tierkreisgrades benötigt, spielt dieser Orbis (= Wirkungskreis) keine sehr wesentliche Rolle.

Wir dürfen eigentlich nicht abstrakt vom Frühlings*punkt* sprechen, sondern müssen daran denken, daß es sich um einen Vorgang handelt, der mit der Frühlings*sonne* zusammenhängt. Damit kommen wir vom abstrakten, fiktiven »Punkt«, der sich nur dem trockenen Intellekt ergibt, zu wesenhaften Vorgängen, zu wahrhaft gelenkten kosmischen Strömungen. Sie leben, weben und wirken in den Strömungen der Kultur!

Wie schon früher gezeigt wurde, setzen sich die ungleichen Tierkreisbilder in einen gleichmäßigen Sonnenrhythmus um. Bei den Kulturperioden ist das nun wieder so. Die ungleiche Länge der Bilder wird über die Frühlingssonne in einen gleichmäßigen Rhythmus gewandelt. Die Bilder geben den differenzierten Impuls. Die Färbung der Kulturen ergibt sich erst über jenes Wesenhafte, das über die Frühlingssonne wirkt. *Hegel* war es, welcher sagte, daß alle Geschichte zu Christus hin und von ihm hergehe. Begnügen wir uns mit dieser Andeutung.

Zwölf Weltenmonate von je 2610 Jahren ergeben den Gesamt-Präzessions-Rhythmus eines Großen oder Platonischen Weltenjahrs. Diesen Rhythmus müssen wir in den Kulturen suchen, um hinter das Geheimnis der kosmischen Strömungen in bezug auf das Kulturleben zu kommen.

Zu Beginn dieses Jahrhunderts hat Dr. *Rudolf Steiner* dieses Geheimnis bereits gelüftet. Heute ist es längst so weit, daß die moderne Philosophie die von *Steiner* gegebenen Daten bestätigt. Das geschieht allerdings, ohne auf ihn Bezug zu nehmen. Man kann nur annehmen, daß *Karl Jaspers* durch eigene scharfe Beobachtungen zum gleichen Resultat gekommen ist. Das ist dann gerade von besonderem Wert! (Karl Jaspers: »Vom Ursprung und Ziel der Geschichte«.)

Jaspers weist darauf hin, wie um etwa 3000 v. Chr. »das Menschsein« im ganzen einen *Sprung* täte, nämlich den aus der mythischen Zeit in die Geschichte! Sie ist in der Tat nicht älter als rund 5000 Jahre. Von den früheren Hochkulturen vor 3000 v. Chr. wissen wir nicht in gleicher Weise wie von der zu jenem Zeitpunkt anhebenden geschichtlichen Epoche der Menschheit Bescheid.

»Dieser Sprung des Menschseins, der die Geschichte zur Folge hat, kann aufgefaßt werden als das *Unheil*, das über die Menschen gekommen ist; etwas Unbegreifliches ist geschehen, ein Sündenfall, der Einbruch einer fremden Macht...« *(Jaspers)*. Dagegen sind nach ihm die menschlichen Grundfragen in die älteren Hochkulturen eingebettet »in heiliges Wissen, magischen Charakters, nicht aufgebrochen in die Ruhelosigkeit des Suchens...«

Er gliedert die Geschichte in: 3000 Jahre Babylonien und Ägypten bis etwa zur Mitte des letzten Jahrhunderts vor Christus. Die zweite Phase ist für *Jaspers* die »Achsenzeit« (Christus als Achse der menschheitlichen Entwicklung!), die er etwa mit 800 v. Chr. beginnen sieht. Dem folgt die Neue Zeit, unsere Zeit, seit dem 15. Jahrhundert, nämlich seit dem Nominalismus mit der anschließenden außerordentlichen Entwicklung der Wissenschaft und Technik.

»Das Sublimste und Bedeutendste bleibt begrenzt auf enge Bezirke und Zeiten.« Mit diesem Satz wird die Lehre von der wandernden, ort- und zeitgebundenen Kultur gleichfalls bestätigt. Das sind also allermodernste Erkenntnisse.

Nun haben die Inder Jahrtausende vorher behauptet, daß die Menschheit im Jahre 3101 v. Chr. in die Epoche des *Kali Yuga* (finsteres Zeitalter) tritt. Sie dauert 5000 Jahre. In ihnen wird der Mensch tief in die Materie hineingeführt, er sinkt in ihre Finsternis hinab. Aus einer Gottnähe des »mythischen Bewußtseins« wandert er in die Gottferne. Diesen Sinn sieht *Sartre* in der geschichtlichen Entwicklung. In Zeiten alter Hochkulturen verkehrte der Mensch mit den Göttern, später empfing er noch ihre Offenbarungen. Sie wurden immer spärlicher, bis sich schließlich der Mensch allein in der von Göttern geschaffenen Welt sah. Heute sieht der Mensch nur noch die Werkwelt! Seine Gottferne wird offenbar durch die mittelalterliche Seelennot, in der erstmals nach einem Beweis für das Dasein Gottes gefragt werden konnte! Der Mensch ist damit auf sich selbst gestellt. Wie könnte er anders zu einem eigenen, selbständigen Wesen werden. Offenbar lag es in der Absicht des Schöpfers, selbständige, selbstbewußte Menschenwesen als seine Diener und Kinder für bestimmte Aufgaben in den dunklen Tiefen der materiellen physischen Erdenwelt erstehen zu lassen!

Das Hereinbrechen des »Unheils«, von dem *Jaspers* spricht, ist identisch mit jener Seelensintflut des Kali Yuga, durch die der Mensch einmal hindurch mußte, um in neuer, nunmehr bewußter und nicht mehr magischer Art zur Welt des Geistes, zu den höheren Wesen zurückzufinden. Der Mensch gleicht dem verlorenen Sohn des Vaters. Wenn er zurückkehrt, so ist er ein anderer geworden, als er vorher war. Er hat seine eigenen Erfahrungen gehabt, ist durch sie gereift, auf eigene Füße gestellt, ein Mitarbeiter Gottes auf Erden geworden, der sich nun ohne Zwang, aus innerstem Wesensimpuls in den Dienst höherer Wesen stellt.

Im Kali Yuga erlischt das alte Bewußtsein der Gottverbundenheit und übersinnliche Schau. Osiris, Baldur, Tammuz, die als übersinnliche Lichtwesen im Menschen lebten, mußten sterben. Der Intellekt entwickelte sich.

Vorher brauchte der Mensch keine Schrift, sein Gedächtnis und seine Schau waren anderer Art. Er nahm noch unmittelbar Übersinnliches wahr. In dem Maße, wie sich die geistigen Augen schlossen, taten sich die sinnlichen auf. Das ist der Sinn der Epoche des Kali Yuga. In der Bhagavadgita ist das Erleben jenes Umbruches in der Zeit geschildert.

Es ist hier nicht der Ort, an dem der Zusammenhang des Kali Yuga mit der Präzession nachzuweisen ist. In unserem Zusammenhang soll nur von dem Rhythmus der Weltenmonate gesprochen werden, wie er seinen Ausdruck im Strom der Kulturen findet. Trotzdem ist es wertvoll zu bedenken, daß es mehrfache Rhythmen gibt, eben auch die der »fallenden Weltalter« mit astronomischer Grundlage. Zyklen innerhalb von Zyklen müssen wir schauen lernen. Erst wenn wir das kosmische grandiose Uhrwerk durchschauen, wissen wir etwas von dem Plan, der der Weltentwicklung zugrunde liegt. Er gestattet ebenso apo- wie prophetisch zu werden.

Der ägyptisch-babylonisch-assyrische Kulturkreis ist jener des Weltenmonats Stier. Rein astronomisch gerechnet, trat der Frühlingspunkt aus den Zwillingen im Jahre 4487 in das Bild des

Stieres (die Bewegung verläuft »rückwärts«), um ihn 1843 v. Chr. wieder zu verlassen.

Nach einer vorbereiteten, noch im magisch-mythischen Element wurzelnden ägyptischen Vorzeit, die bis zum 4. oder vielleicht sogar bis in die Mitte des 5. vorchristl. Jahrtausends zurückreicht, beginnt der Pyramidenbau zwischen 3000 und 2900 v. Chr. Die bedeutendste, genialste ist die berühmte Cheops-Pyramide. *Cheops* begann im Jahre 2906 seine Pharaonenherrschaft. Damals waren die Pharaonen zugleich die höchsten Priester. Die Pyramiden sind zum Wahrzeichen der altägyptischen Kultur geworden.

Nehmen wir die Epoche des Pharao *Cheops*, der die eigentliche ägyptische Epoche einleitet, als Ausgangspunkt und die Gründung der Stadt Rom, die der folgenden Kulturepoche ihren markanten Stempel aufdrückt, als deren Anfang, so finden wir den besonderen Stierrhythmus – den Weltenmonat Stier – für die Zeit von 2907–747 v. Chr. Wenige Jahre spielen dabei natürlich keine Rolle, denn wir haben es mit Menschenseelen, nicht mit toten Mechanismen zu tun. Die Gründung Roms wird im allgemeinen mit 754 angegeben. Man weiß aber nicht, ob der Abt *Dionysius*, der erst im 4. nachchristl. Jahrhundert dieses Datum errechnete, sich um sieben Jahre geirrt hat.

Das Jahr 747 wird nämlich auch vom babylonischen König *Nabunâssir* als Beginn einer neuen Ära erkannt. Er zerbricht in diesem Jahr die Zeittafeln seiner Vorgänger (siehe *F. Kugler:* »Babylonische Sternkunde«). Der schon mehrfach erwähnte alexandrinische Astronom *Ptolemaios* stellte einen Zeitenkanon auf. Auch er reicht bis zum Jahre 747 zurück.

Demzufolge würde die Widderepoche von 747 v. Chr. bis 1413 nach Chr. reichen. Die vorangegangenen Ausführungen *Jaspers'* kann man in diesem Sinne eine Wiederentdeckung des tatsächlichen Rhythmus der Weltenmonate nennen. Man kann nun diese alten Weisheiten nicht mehr als »Spielerei« abtun!

Wenn sich ein Impuls aus den Raumesgrenzen des etwa 37 Grad großen Sternbildes Stier in einen Rhythmus von 2160 Jahren = 30 Graden umsetzt, so muß man einen eigenen Schlüssel für solche Transformationen errechnen, der für jedes Sternbild verschieden ist. Für das Bild des Stieres ergeben sich rund 59 Jahre für einen Grad.

Womit hängt es zusammen, daß der Eintritt der Frühlingssonne in ein Sternbild nicht mit dem zeitlichen Beginn der zugehörigen Kulturepoche zusammenfällt? Es hängt damit zusammen, daß die zur Erde hinabsteigenden Ungeborenen sich im Kosmos bereits mit den neuen kosmischen Impulsen durchdringen müssen. So haben wir im astronomischen Beginn eines Bildes den kosmischen Impuls und in etwa der Zeitenmitte erst die Auswirkung im Kulturleben auf Erden!

Nur wenn wir den Menschen nicht nur zwischen Geburt und Tod, sondern auch zwischen Tod und neuer Geburt ins Auge fassen, finden wir die Lösung des Rätsels.

Und wenn nun eine Kulturepoche von 2160 Jahren (approximativ) zu Ende ist und an anderem Ort eine neue Kultur aufblüht? Das wieder ist bedingt dadurch, daß die Menschen, welche Träger der neuen Kultur werden, sich im Einklang mit der kosmischen Willensströmung an dem neuen auserwählten Ort (Land) inkarnieren. *Rudolf Steiner* sagt einmal, es sei eigentlich nicht richtig, von »den« alten Ägyptern, Persern, Griechen, Römern usw. zu sprechen. Richtiger sei es zu sagen: Als wir heutigen Menschen Ägypter, Griechen, Römer usw. waren, in unseren vorigen Inkarnationen, vollbrachten wir diese oder jene Taten der Kultur. Jetzt setzen wir sie in anderem geographischem Gebiet fort. Diejenigen Menschen, welche heute in Griechenland, Ägypten, Rom leben, haben so gut wie gar nichts mit den alten Kulturen zu tun. Mein verehrter lieber Freund, der Baron *von Veltheim-Ostrau*, berichtet, daß sich im Fernen Osten meditierende Mönche an die Ungeborenen wenden, die sich zur Inkarnation auf Erden anschicken. Auf besonders erleuchtete Geister wird meditativ eingewirkt, sich nicht im Westen, sondern in Asien, der Wiege aller Religionen, zu inkarnieren. Die Ungeborenen werden in dieser Art wie an magischem Band nach dem Fernen Osten gezogen. Der flache Europäer macht sich darüber vielleicht lustig. Aber wie lange wird er es tun können? Zeigt sich nicht schon seit Jahrzehnten ein Mangel an wahrhaften Staatsmännern? An den durchlebten Zuständen zweier Kriege und deren Folgen ist die Mittelmäßigkeit und Ideenlosigkeit der Staatsführungen eklatant!

Manchem mag das fremd erscheinen, aber »Dumm ist nur, wer niemals anders denkt« *(Lichtenberg).* Im Kali Yuga sind unsere Geistesaugen durch die Berührung mit der Materie verdunkelt worden. Staub hat sich auf unsere Lider gesenkt. Der Schleier der Maya, der Täuschung, hat sich vor unsere Geistesaugen gelegt. Wir halten nur das für wirklich, was unsere Sinnesaugen sehen und was unser Intellekt, das Schattengebilde der Weisheit, ersinnt. Das ist aber nur ein Teil der Wahrheit.

Mit dem Beginn des Kali Yuga beginnt auch für Ägypten die Geschichte. Aus einer magisch-mythischen Frühzeit wächst es in sie hinein. Nord- und Südreich vereinigen sich um diese Zeit überhaupt erst zu Ägyptens »Altem Reich«.

In der 4. Dynastie beginnt (2930–2750 nach *Breasted:* »Geschichte Ägyptens«) die Pyramidenzeit, die für diese Kultur so charakteristisch ist, *Cheops* (2906–2883) ist es, der die größte und höchste, qualitativ beste als ein Wahrzeichen für die ägyptische Kultur erbaut. Die Pyramiden jener Epoche sind die ersten großen Steinbauten der Welt. Das Erste Ägyptische Reich hält sich bis 2160 v. Chr. Von 2270 an zerfiel es (1. Zwischenzeit 2270–2160).

Das Mittlere Reich wird von 2160–1580 gerechnet. Von 1750–1580 zählt die Zwischenzeit, wiederum eine Verfallserscheinung.

Das ägyptische Dritte Reich bestand von 1580 bis 1090 oder bis 712 v. Chr., wenn man die 3. Zwischenzeit erneuten Verfalles noch mitzählt. Von diesem dritten Fall hat sich Ägypten nicht mehr erholt, seine Zeit war abgelaufen.

Der Frühlingspunkt braucht für das Durchwandern des Bildes Stier astronomisch exakt 2644 Jahre. Den Beginn der ägyptischen Frühzeit gibt *Breasted* für 3400 v. Chr. an. Zählt man Frühzeit und Endzerfall mit, so ergibt sich eine recht exakte Übereinstimmung in der Zeit!

Wir sehen also, daß sich die Länge des Bildes als Impuls und dessen Auswirkung klar als Zeitendauer der ägyptischen Stierkultur zeigt! Eingebettet in sie ist der Rhythmus der eigentlichen Epoche von 2907–747.

Das »Alte Reich« erweist sich astronomisch zu den Sternen in den »Hörnern des Stiers« gehörig. Der Stern Beta im nördlichen Stierhorn wird astronomisch um 3941 erreicht, was aufgrund des erklärten Schlüssels seine Auslösung um 2417 haben muß. Um 2400 erfolgte auch innerhalb des Rhythmus der Polwanderung ein bedeutender Wechsel. Bis dahin gaben Sterne des Drachen den Pol ab. Nun tritt an seine Stelle das Bild des Kleinen Bären bis 2100 nach Christus.

Nach einer Unterbrechung – hellere Fixsterne fehlen zwischen den ersten Sternen der Stierhörner und dem eigentlichen Stierhaupt – kommt der Frühlingspunkt dann in den Bereich der Hyaden. Sie liegen im Haupt des Stieres. Der rote *Aldebaran* der Hyaden ist hellster Stern dieses Teilbildes und bildet das »südliche Auge« des Stieres.

Ab etwa 2200–2100 können wir den Übergang des Frühlingspunktes in die Hyaden annehmen. Der letzte bedeutende Stern der Hyaden wirkt sich um 1480 aus.

Es folgt die *Epoche der Plejaden*, deren hellster Stern (Alcyone) sich etwa 1128 auswirkt. Man muß für jeden Fixstern einen Umkreis von etwa 100 Jahren vor bis ebensoviel nach der exakten mathematischen Konjunktion rechnen.

Die Plejadenepoche wird mit einem Hereinwirken des Algol aus dem Medusenhaupt (zum Bild des Perseus gehörig) abgelöst. Seine Konjunktion mit der Frühlingssonne wirkt sich um 910 aus.

Nun ist es hochinteressant, daß gegen das Jahr 1745 v. Chr. die Frühlingssonne genau in Opposition zum *Antares*, dem Herzen des Gegenzeichens *Skorpion*, steht.

Plutarch zufolge wurde *Osiris* getötet, als die Sonne im 17. Grad des Skorpions stand. Rechnen wir den 17. Grad des Skorpions im Sinn der Präzession, also von rückwärts her, aus, so finden wir die Frühlingssonne im Jahre 1745 wirkungsmäßig (im

Jahre 3068 astronomisch, also Impuls gebend!) genau gegen-
überstehend! Die Herbstsonne dagegen genau im 17. Grad des
Skorpions!

Diese Zeit finden wir ganz besonders gekennzeichnet, denn
um 1750 beginnt der Verfall des »Mittleren Reiches«. Hyxosvöl-
ker, Fremde, werden bis 1580 Herren von Ägypten.

Im 18. vorchristlichen Jahrhundert finden wir Frühlings- und
Herbstpunkt wirkungsmäßig durch die Opposition der hellen,
roten Fixsterne von Aldebaran und Antares gekennzeichnet.
Astronomisch liegt die Konstellation zwischen 3100 und 300. Sie
zeigt also die Impulse des »Finsteren Zeitalters« (Kali Yuga) an,
deren Auswirkung um 1750 zu errechnen ist.

Es wurde schon darauf hingewiesen, daß Osiris die lichte,
übersinnliche Kraft in der Menschenseele war, durch die der
Mensch »hellsehend« war. Diese Fähigkeit empfängt nun den
Todesstoß. Charakteristisch für diese Zeit (um 1750) ist, daß der
biblische *Josef* damals lebte. Er war der Traumdeuter des Pharao!
Es war also bereits nötig, Träume ausdeuten zu lassen. Das alte
Hellwissen reichte nicht mehr aus, ohne Deutung deren Sinn zu
erfassen!

Gegen das Jahr 1400 v. Chr. erscheint zum erstenmal im ganzen Orient in einem ägyptischen Papyrus das Wort für »Gehirn«. Es ist so weit, daß der Mensch sich dieses Organs der Ge-
dankengrundlage erst bewußt wird! *Amenemhet III.*
(1849–1801) baute das berühmte Labyrinth, in seinen Windun-
gen ein großartiges Bild des menschlichen Gehirnes.

In die Plejadenepoche fällt die Wirksamkeit *Echnatons*, des
großen Reformators. Als seine Impulse abgedrosselt werden,
setzt die Wirksamkeit des Moses ein, der zunächst ein Osiris-
priester namens Osarsiph war. Die sieben Sterne der Plejaden
korrespondieren mit den sieben Töchtern des *Jethro*. Es wäre
falsch zu sagen, daß es sich um eine »Astralmythe« handele. Das
Motiv ist kosmisch, auf Erden wird es zum entsprechenden Ge-
schehnis! Göttliche Imagination wird zum realen Bild von Ereig-
nissen!

Nach meinen Berechnungen ist der biblische *Abraham* gegen

das Jahr 1992 geboren. Er gehört bereits in den Bereich der Hyadenepoche des Stieres. Den Auszug aus Ägypten errechne ich für das Jahr 1272. Die jüdisch-israelitische Kultur beginnt erst während der Stierepoche und wirkt in die des Widders hinüber. Sie verbindet beide miteinander. Unter *Bar-Kochba*, dem Sternensohn, endet das alte jüdische Reich gegen das Jahr 135 n. Chr. nach mißglücktem Aufstand.

Wie wir sehen, zeigt sich auch hier der kosmische Rhythmus eines Weltenmonats von 2160 Jahren recht genau! Er reicht von Abraham bis Bar-Kochba.

Das Kali Yuga wird auch das Zeitalter des Ebers genannt. Die Hyaden wieder heißen auch die Ferkel. *Josef* wird von einem wilden Eber zerrissen. In Ägypten ist es *Seth* (die Zeit!), der sich in ein schwarzes Schwein verwandelt und das Augenlicht des *Horus* (des Erdenmenschen) trübt.

Rudolf Steiner wies darauf hin, daß sich die ägyptische Kultur in unserer mitteleuropäischen widerspiegele. So manche metamorphosierte Ähnlichkeiten ergeben sich. Die Mumifizierung in Ägypten ist sicher Ausdruck eines starken Materialismus und Egoismus. Er zeigt eine starke Erdgebundenheit. Das findet seine verwandelte Auferstehung im Materialismus unserer Epoche; ganz besonders auch im wissenschaftlichen Bereich.

Nimmt man die Mitte der griechisch-römischen Epoche (747 v. Chr.–1413 n. Chr.), so kommen wir auf das Jahr 333 nach Christus. Es ist der Spiegelpunkt. Soviel Jahre wir vorwärts rechnen, können wir von diesem Datum auch zurückgehen.

Das vorchristliche Jahr 1272 entspricht spiegelnd dem nachchristl. 1938. Das Jahr 1286 vor Chr. entspräche dem Jahre 1952 usw.

Es würde sich von 1898 bis 1964 die Regierungszeit von *Ramses II.* (1298–1232) spiegeln. Er war ein gewaltiger Despot und Diktator. Die Heere seines Reiches (des *»Dritten Reiches«* von Ägypten) sollen bis zum Don vorgedrungen sein. Ägypten dehnte seinen äußeren Machtbereich gewaltig aus. *Ramses* führte als Zeichen seines Machttriebes Kolossalbauten auf. Er war der große Eroberer und Pharao der Bedrückung. Die biblische Zeit der zehn großen Plagen fällt in seine Regierung. Sie erleben wir verändert wieder.

Das »Dritte Reich« Ägyptens führte zum Untergang. *Ramses* hatte das Schwert der Gewalt dem des Geistes vorgezogen.

Die Epoche Ägyptens näherte sich nach kosmischem Rhythmus bereits ihrem Ende. Mitteleuropa aber begann seine erst im 15. Jahrhundert. Es ist noch längst nicht an seinem Ende, es sei denn, daß es seine Aufgaben im Geistigen wie im Sozialen nicht erfüllen will. Nur dann hätten *Spengler* und seine resignierenden Geistesfreunde recht.

Schaut man den Kräften, die zur Tiefe, zum Abstieg ins Chaos drängen, resignierend zu – dann allerdings wird die Kultur des Abendlandes vorzeitig zu Ende gehen. Greift man aber mutig in die Räder des Karrens unserer Zeit, so haben wir die Kraft zur Umwendung. Nicht mehr in der Horizontalen müssen wir suchen, sondern in der Vertikalen! Anthropos = der Mensch ist das zu den Höhen der Sterne aufblickende Wesen. Dieser Beziehung müssen wir gerecht werden. Bürger des Kosmos müssen wir werden, aufschauen müssen wir lernen zu jenen Höhen, von denen uns Hilfe *dann* kommt, wenn wir sie auch ergreifen. »Das Himmelreich *leidet* Gewalt«, heißt es im Neuen Testament. »Der Cherub steht nicht mehr dafür« – es ist offen, wenn wir nur das vollziehen, wozu der Täufer *Johannes,* der Rufer in der Wüste, aufforderte: *Wendet euren Sinn,* denn die Reiche des Himmels sind nahe herbeigekommen!

Schlußwort

Das Getriebe mancher Leute, die glauben, sich Astrologen nennen zu dürfen, ist in der Tat so, daß sich manch suchender Geist dadurch so abgestoßen fühlt, daß er damit »nichts zu tun haben« will. Selbst da, wo einige Astrologen mit eigens von ihnen erfundenen Systemen glauben, sich von ihren Kollegen absetzen zu müssen, wird man oft ein höheres Niveau vermissen.

Es hat das ja aber alles gar nichts mit der Wahrheit zu tun! Auch die Medizin wird mißbraucht. »Quacksalber« gibt es auf jedem Gebiet. Nur wessen Geistesliebe zu den Sternen tiefer geht, wird die Prüfung seiner Seele bestehen und sich durch den zutage tretenden Mißbrauch der Astrologie oder deren laienhafte Anwendung nicht abhalten lassen, sich mit ihr zu beschäftigen. Wie lange man braucht, um in ihre Geheimnisse einzudringen, ist gewiß individuell.

Man sollte nach einiger Zeit des Studiums ihrer Grundlagen zu neuen Methoden der Selbstprüfung greifen. Wenn man einen Menschen kennt, sollte der Schüler versuchen, die Sterne des Betreffenden unmittelbar zu lesen. Das muß zunächst ganz einfach geschehen. Man hat etwa einen unbeherrschten Menschen vor sich und schließt daraus auf einen »schlecht« aspektierten Mars. Erst danach prüft man, ob man richtig gesehen hat. Die Astrologen gehen bisher den umgekehrten Weg: Sie errechnen erst das Horoskop und diagnostizieren dann drauflos. So haben sie wenig Kontrolle darüber, ob sie Richtiges gesagt haben.

Auch aus den Taten der Menschen kann man prägnante Planetenstellungen ablesen. Ein persönliches Erlebnis möchte ich hier nur zur Illustration anführen dürfen: Ich las das Buch »Horoskope« von Dr. *Alfred Fankhauser*, einem bekannten Schweizer Astrologen. Auf Seite 71 macht er Ausführungen über das »Venusprinzip«. Beim Lesen empfand ich, daß er anscheinend ein sehr schlechtes Verhältnis zur Venus in seinem Horoskop haben müsse, denn das Wesen der Venus schien mir von ihm verkannt zu sein. Ich schloß auf eine schlechte Aspektierung von Venus und Saturn. Erst daraufhin suchte ich in seinem Buch, ob er nicht sein eigenes Horoskop gebracht habe. Astrologen tun das gern am Anfang eines Buches. Hier war das nicht der Fall. Erst auf Seite 229 bringt er es schließlich doch, ohne es textlich besonders hervorzuheben, was nur für ihn spricht. Meine Schätzung bestätigte sich vollkommen, denn Venus und Saturn stehen bei ihm in einem Quadrat!

In dieser Weise sollte man vorgehen, um sich selbst zu prüfen. Hat man das spezifische Wesen von Planeten und Tierkreiszeichen erkannt, so wird man in dieser Art Erfolge haben. Zugleich erhält man den schönsten Beweis für die Richtigkeit astrologischer Behauptungen von Mensch und Kosmos.

So versuche man den Aszendenten und Sonnenstand zu schätzen oder aus Schicksalsereignissen die Geburtsstunde zu errechnen. Erst danach schaue man auf die Geburtsurkunde, auf der sie vermerkt ist.

Bei meinem Vater habe ich aus der Kenntnis seines Charakters, seines Aussehens und seines Schicksals die Stunde seiner Geburt auf 9 Uhr 55 vormittags errechnet. Ihm war sie unbekannt. Erst Jahre später konnte ich von seiner älteren Schwester hören: »Ich weiß, wann dein Vater geboren ist; es war 10 Uhr vormittags.« So hatte ich durch Zeugen eine einwandfreie Bestätigung.

Ich bin der Ansicht, daß man in dieser Art die klarsten Beweise für die Astrologie bekommt. Man hüte sich freilich sehr, öffentliche Schaustellungen zu veranstalten. Diejenigen Seelenkräfte, die dahin führen, aus dem Menschen selber den Stand der Gestirne wenigstens in einigen Einzelheiten abzulesen, sind so zart, daß sie nur im »stillen Kämmerlein« zu fassen sind und überhaupt nicht »auf Bestellung«. Man muß sehr, sehr viel Geduld haben. Nach solchen Erlebnissen, die eine Frucht von mehr als 33jähriger Arbeit sind, wird man wohl verstehen, daß es für mich keine Zweifel darüber gibt, daß der Mensch ein Mikrokosmos ist, in dem sich der Makrokosmos wiederfindet, und zwar in Substanzen, Formen, Rhythmen, Bildern.

In der Epoche der Ausbildung der menschlichen Persönlichkeit wurde auch die Astrologie persönlich. Nach der Zeitenwende kommt es aber darauf an, dasjenige zu finden, was für *alle* Menschen gilt. Nicht auf die Erlösung einzelner Selbste, sondern auf die des »Menschen« kommt es an. Auf die allgemein menschlichen Beziehungen zum Kosmos kommt es an. Das führt nur zum Teil über das individuelle Horoskop, welches natürlich nicht weggedacht werden kann. Auf dem Gebiet der Vererbung z. B. kann man zu überraschenden Ergebnissen kommen. Auch sie bestätigen wieder die Wahrheit kosmischer Beziehungen. Wenn man auf diesem Gebiet mit der Wahrscheinlichkeitsrechnung operiert, so hat man eklatante Beweise. Mit Statistiken allein ist es freilich nicht getan; sie sind zu mechanisch.

Hier zum Schluß sollten nun diese Dinge nur angetönt werden. Ein umfangreiches Forschungsgebiet, wissenschaftliches Neuland tut sich dem auf, der den Mut dazu ebenso hat wie eine besondere Begabung.

Heute denken die Menschen beim Thema »Astrologie« zumeist an die Voraussage. Ihren Egoismus möchten sie befriedigen. Das aber ist durchaus nicht das Wesentliche der Astrologie, daß sie auch Voraussagen gestattet.

Macht nicht auch der Arzt Voraussagen, der Rechtsanwalt. Es soll vorkommen, daß weder deren Prognosen noch Diagnosen stimmen! Die Meteorologen als Wetterpropheten pflegen sich ebenso vorsichtig auszudrücken wie unsichere Astrologen. »Teils heiter, teils wolkig, strichweise Gewitter, stellenweise aufkommende Winde« – das wird sicher ungefähr stimmen. Die Wetterprognose für längere Zeiten, etwa über den Charakter eines bevorstehenden Winters, hat in den letzten Jahren ganz erheblich vorbeiprophezeit. Keineswegs soll mit einer solchen

Feststellung ein Vorwurf oder eine Herabsetzung verbunden sein. Das Prophezeien ist eben, auch wenn es sich auf gewisse Beobachtungen u. ä. stützt, auf jedem Gebiet schwer. Die selbstverständliche Rücksichtnahme, die der Meteorologe erwarten darf, müßte man gerechterweise auch dem Astrologen zubilligen. Besser freilich wäre es, wenn der letztere sich der Prognosen enthielte, bis es soweit ist, daß das ganze große Gebiet der Astrologie von unserer modernen Zeit her genügend erforscht ist. Das ist es keinesfalls.

Der Meteorologe *H. Klein* hat z. B. errechnet, daß man 65% Treffer erhielte, wenn man das Wetter in der Weise prophezeit, daß man sagt: »Morgen so wie heute« (siehe Prof. Dr. Carl Kassner: »Das Wetter«, Quelle U. Meyer Verlag, Leipzig 1908).

Früher, im Mittelalter noch, gab es Prophezeiungen, nach denen die Welt untergehen sollte. Heute in unserer modernen, so wissenschaftlichen Zeit gibt es so etwas nicht mehr! Oder doch?

Die holländische Astronomin Dr. *Vreede* berichtet zu diesem Thema in ihrem »Rundschreiben« dem Sinne nach folgendes:

»Im Jahre 1772 wurde der Bielasche Komet erstmalig gesehen. In der Pariser Akademie hielt der Astronom *Lalande* einen Vortrag aufgrund seiner Abhandlung ›Betrachtungen über Kometen, die der Erde nahe kommen können‹. Er befaßte sich darin mit den Wirkungen eines solchen Zusammenstoßes. Beim Publikum verbreitete sich das Gerücht, daß der Zusammenstoß für den 12. Mai 1773 vorausberechnet sei. Die Panik war so groß, daß die Polizei einschreiten mußte. In der Zeit der ›Aufklärung‹ wurde ein ›wissenschaftlich‹ errechneter Weltuntergang mindestens so ernst genommen wie früher religiöse Prophezeiungen dieser Art.«

Im Jahre 1832 sollte der Komet wieder erscheinen. Diesmal berechnete der Astronom *Olbus* das Zusammentreffen des Kometen mit der Erdbahn für den 29. Oktober 1832. Diese wissenschaftliche Prognose rief ungeheure Volkserregung hervor.

Der Astronom *Littrow* rechnete aus, daß ein Zusammentreffen von Komet und Erde in ihren Kernen 1933 erfolgen würde.

Inzwischen war 1872 das Wunder geschehen, daß sich der Komet spaltete! Der Himmel war wie mit Feuer überdeckt, und gab einen gewaltigen Sternschnuppenregen.

Es war eben inzwischen etwas geschehen, was nicht vorausberechnet war. In dieser Weise aber rechnet man vielfach in der Wissenschaft. Man errechnet das Alter der Erde und ihren »Kältetod« aufgrund gewisser Substanzzerfallserscheinungen. Ein gefundenes Maß wendet man mechanisch nach rückwärts und vorwärts an. Als der »kleine Hans« sieben Jahr alt war, wuchs er in einem Jahr 5 cm. Wie groß wird der kleine Hans sein, wenn er 70 Jahre alt ist? Unser Denken ist noch viel zu mechanisch. Es muß erst wieder flüssig werden.

Es war nun also von Methoden und Prophezeiungen die Rede. Astrologen und exakte Wissenschaftler haben eben manches gemeinsam. Man sollte alle Überheblichkeit beiseite lassen und gegenseitig toleranter werden! Als man schon Eisenbahnen baute und Zeppelin sein Luftschiff konstruierte, erklärten berufene Wissenschaftler, daß das alles aus diesem oder jenem Grunde nicht gelingen könne. Die Astronomen bestritten noch die kosmische Herkunft von Meteoren, als diese ihnen schon »in die Bude« regneten!

Dies alles sei nur zur Besinnung und zur Anregung des Nachdenkens gesagt, nicht zur Kränkung, aus welcher nichts Gutes kommen könnte. Ebenso aber wird man es von der »anderen Seite« erwarten dürfen.

Viel habe ich dem Leser zumuten müssen! Als einem spanischen König des 13. Jahrhunderts (die Alfonsischen Tafeln sind nach ihm benannt) Entstehung und Bau der Welt recht kompliziert vorkamen, meinte er, daß die Welt einfacher zustande gekommen sein würde, wenn Gott ihn um Rat gefragt hätte.

Ein grundlegender Irrtum ist es anzunehmen, daß die Wahrheit immer einfacher sein müsse. Der Wunsch war hier der Vater des Gedankens. Welt, Leben, Wahrheit, Wirklichkeit, Schicksal, Geist, Seele, Leib – sind kompliziert. Sie geben uns Rätsel über Rätsel auf. An ihrer Lösung zu arbeiten, vervollkommnet des Menschen Geist und Seele. Hätte der Mensch alle Rätsel gelöst, brauchte er nicht mehr zu denken. Die abendländische Aufgabe ist es aber zweifellos, die Lösung durch Denkprozesse zu suchen. Damit aber steigern wir das Denken selbst und führen es ins Übersinnliche.

Verschiedene Grade des Bewußtseins finden wir dem Menschen zu eigen: Der schwächste Grad ist jener, der dem Tiefschlaf entspricht, dem Trancezustand. Das ist ein Zustand im Menschen, wie wir ihn außen beim Mineral finden. Der Schlaf ähnelt dem Bewußtseinsgrad der Pflanze, der Traum dem Tier, erst im Wachen sind wir im Menschgemäßen. Alle Stufen der Schöpfung sind in diesen Bewußtseinsschichten im Menschen verblieben. Wer aber will sagen, daß damit alles zu Ende sei, daß es keine Weiterentwicklung im Reiche des Bewußtseins mehr gäbe?

Wir können nicht zurück, selbst wenn wir es wollten! Wir müssen in ein Überwaches hinein, eben in das Reich des Geistes selbst.

Kant sprach von den »Grenzen der Erkenntnis«. Dem Intellekt sind sie gesetzt. Aber zwischen Schlaf/Traum/Wachen liegen gleichfalls »Grenzen«. Nur erweisen sich diese Grenzen letztlich als Zäsuren, als Schwellen, die in der Evolution des Menschen überschreitbar sind. Wer die Vergangenheit geistgemäß überschaut, vermag daraus gewisse Schlüsse für die Zukunft zu ziehen, ohne in haltlose Spekulationen zu verfallen. Nichts weiter soll behauptet sein, als daß es einfach unsinnig ist, daß die Bewußtseinsentwicklung an ihrem Ende sei. Noch ist die Erde da!

Die »Grenzen der Erkenntnis« sind zu einem die Entwicklung hemmenden wissenschaftlichen Dogma geworden. Alles endet dann in der Resignation des *Dubois-Reymond*: Ignoramus, ignorabimus. Wer sich selbst aufgibt, den verlassen die Götter.

Die Untergangsprophezeiungen *Spenglers* und seiner Geistesverwandten würden nur dann recht behalten, wenn die Selbstaufgabe des Menschen in der Leugnung Tatsache würde. Das hängt von ihm ab.

Durch den Logos, das Wort Gottes, ist die Welt entstanden. Gott aber hat das Wort dem Menschen überantwortet. Nun liegt es an ihm, die Geisteskraft aus diesem »Wort« anzuwenden und mit ihm die Schwelle zum Geistesreich zu überschreiten. Alles Gewordene bleibt in gewissen Formen und Zuständen. Wie Schlaf und Traum im Menschen noch verblieben sind, so wird auch das wache Denkvermögen bleiben. Nicht ohne dieses, sondern mit ihm müssen wir vorwärts und aufwärts schreiten. Alle Forschungen suchen bisher in der Horizontalen, wir brauchen sie nun in der Vertikalen. Das Hereinwirken des Geistes in die Erscheinungen unserer sichtbaren Welt müssen wir zu verstehen suchen.

Es gibt immer Kräfte, die zum Abgrund und Untergang drängen. Schauen wir nur auf sie und meinen, daß der Mensch nichts tun könne, so würde der Untergang der Kultur des Abendlandes eintreten müssen. Christus aber ist auferstanden! Nur wenn wir uns mit den jungen Auferstehungskräften verbinden, wenn wir in der finsteren Tiefe unseres Planeten Erde die Wende in unseren Seelen vollziehen, die wahrhafte Umkehr und Katharsis von Denken, Fühlen und Wollen, vermeiden wir den Sturz des Menschen. Wir würden den Sündenfall wiederholen und verewigen, wenn wir uns nicht an die Auferstehungskräfte wendeten.

In vorchristlicher Zeit war der Mensch im Kindheitszustand, nun ist er erwachsen und muß selbstverantwortlich handeln. Unser Wachbewußtsein ist Tagesbewußtsein. Das Licht der Sonne läßt uns die Sterne nicht wahrnehmen. Unser Denken sagt uns aber, daß sie trotzdem da sind! Für unsere Geistesaugen sind sie vorhanden. Geistige Wahrnehmungsorgane schaffen wir uns, indem wir dem Spirituellen, dem Sakralen Platz in unseren Seelen schaffen.

Im selbstlosen Gebet, in der Meditation stellen wir heute die Verbindung mit dem Reiche höherer Wesen her. Wer das nicht üben will, verzichtet und bleibt im dunkeln.

Ich bin mir dessen voll bewußt, daß ein so kompliziertes Gebilde, wie es die Astrologie ist, mit den bisherigen Ausführungen längst nicht erschöpfend behandelt worden ist. Es ist hier auch nur von ihren »Kernpunkten« die Rede gewesen.

Es kann heute gewußt werden, wie es zu den »Bedeutungen«

des Tierkreises und der Planeten gekommen ist. Im Rahmen dieses Buches konnte nicht weiter auf deren Wesen eingegangen werden. Ich habe dies in einer größeren Arbeit versucht, die im Manuskript-Druck vorliegt: »Kosmos, Erde und Mensch – von den Wesenheiten der Sterne und ihren Wirksamkeiten«, Verlag Die Kommenden, Freiburg i. Br.

Frankfurt a. M., zu Ostern 1952.

REINKARNATION

Joe Fisher
Die ewige Wiederkehr
12062

Joel L. Whitton
Joe Fischer, Das Leben
zwischen den Leben
11882

Ernest Becker
Die Überwindung der
Todesfurcht   11762

Rudolf Passian
Abschied ohne Wiederkehr?
11854

Kurt Allgeier
Du hast schon einmal
gelebt   11717

GOLDMANN VERLAG

Dr. Joseph Murphy

GRENZWISSENSCHAFTEN ESOTERIK

Dr. Joseph MURPHY
Der Weg zu innerem und äußerem Reichtum
Ihr Denken gestaltet Ihr Leben

11767

GRENZWISSENSCHAFTEN ESOTERIK

Dr. Joseph MURPHY
Das I-Ging-Orakel Ihres Unterbewußtseins

11757

ESOTERIK

Dr. Joseph MURPHY
LEBEN IN HARMONIE
Der Kosmos: Die unversiegbare Quelle Ihrer Kraft

11751

ESOTERIK

Dr. Joseph MURPHY
Die kosmische Dimension Ihrer Kraft
Positives Denken im Einklang mit dem Universum des Geistes

11755

ESOTERIK

Dr. Joseph MURPHY
Das Wunder Ihres Geistes
Ein Buch der Entdeckung und Wandlung

11739

ESOTERIK

Dr. Joseph MURPHY
Die Gesetze des Denkens und Glaubens
Sie werden, was Sie denken und glauben

11734

ESOTERIK

Dr. Joseph MURPHY
Die unendliche Quelle Ihrer Kraft
Ein Schlüsselbuch positiven Denkens

11736

Joseph Murphy, Dr. theol., jur., rer. nat., verstorben im Dezember 1981, vermittelte seit mehr als einem Vierteljahrhundert durch persönliche Beratung und öffentliche Vorträge unzähligen Menschen in aller Welt das Vertrauen in die Kraft des menschlichen Geistes. Seine Bücher wurden in mehrere Sprachen übersetzt und erreichten Auflagenziffern von über einer Million. Sein Studium der Weltreligionen hat ihn davon überzeugt, daß allem Leben eine universelle Kraft innewohnt.

GOLDMANN VERLAG

Thorwald Dethlefsen

Schicksal als Chance
Das Buch gibt Auskunft über alle
grundsätzlichen Fragen der
Astrologie, der Homöopathie
und der Reinkarnation. Durch
die Konfrontation mit diesem
Urwissen erhält jeder Mensch die
Chance, sein Schicksal zu verstehen und es zu nutzen.
11723

Das Leben nach dem Leben
Thorwald Dethlefsen ist es ge-
lungen, Menschen in Hypnose in
frühere Leben zurückzuführen
Und sie aus diesen Leben erzählen zu lassen.
11748

Das Erlebnis der Wiedergeburt
"Die Lehre der Wiedergeburt ist
ein Wendepunkt in der Geschichte der Menschheit." (Nietzsche)
11749

Goldmann
Taschenbücher

Allgemeine Reihe
Unterhaltung und Literatur
Blitz · Jubelbände · Cartoon
Bücher zu Film und Fernsehen
Großschriftreihe
Ausgewählte Texte
Meisterwerke der Weltliteratur
Klassiker mit Erläuterungen
Werkausgaben
Goldmann Classics (in englischer Sprache)
Rote Krimi
Meisterwerke der Kriminalliteratur
Fantasy · Science Fiction
Ratgeber
Psychologie · Gesundheit · Ernährung · Astrologie
Farbige Ratgeber
Sachbuch
Politik und Gesellschaft
Esoterik · Kulturkritik · New Age

Goldmann Verlag · Neumarkter Str. 18 · 8000 München 80

Bitte
senden Sie
mir das neue
Gesamtverzeichnis.

Name: _____

Straße: _____

PLZ/Ort: _____